Berufsflirter und Bestsellerautor Phillip von Senftleben lebt für das Flirten und vom Flirten: Anfänglich stand er «nur» für seine tägliche bundesweite Radioserie *Der Flirter* im Studio. Nachdem er sich so ein Millionenpublikum erflirtet hatte, häuften sich die Anfragen nach der Weitergabe seiner lernbaren Flirt-Techniken. Deshalb vermittelt er seine Flirt-Kunst in Coachings und Workshops und unterrichtet an verschiedenen Bildungseinrichtungen wie der Universität Potsdam.

Von ihm ist bei Rowohlt ebenfalls erschienen: *Das Geheimnis des perfekten Flirts* (62397).

Kontakt zu Phillip von Senftleben erhalten Sie über STILLER ENTERTAINMENT GmbH (www.stiller-entertainment.de).

FLIRT-GUTSCHEIN

Mit diesem Buch halten Sie nicht nur eine theoretische Anleitung zum Flirten in der Hand, sondern auch ein praktisches Hilfsmittel – es ist nämlich auch der Schlüssel zu einer Reihe von Vergünstigungen auf dem Flirtportal www.der-flirter.de.

Bitte geben Sie in Ihrem Internetbrowser die Internetadresse www.der-flirter.de/buchbesitzer ein und folgen Sie dort der Anleitung. Auf dieser Internetseite werden Sie nach einem Flirt-Code gefragt. Dieser lautet:
PVS28969

Inhaltsverzeichnis

Die Lizenz zum Flirten

Einleitung
9

Testen Sie Ihre Außenwirkung
11

Orte und Strategien
16

Flirtpartner und Flirtbremsen
32

Der Frauentyp

Wie sieht er aus?
43

Was tut er?
48

Was kann er?
56

Der Date-Spezialist

Akquise – leichte Wege zum Date
63

Ein gelungener Start –
so brechen Sie das Eis
68

Präsentation – so macht
es Mr. Perfect
72

Gute Themen,
schlechte Themen
88

Kleiner Notfallratgeber
für das erste Date
103

Die Frau in der Höhle
des Löwen
120

Die Lizenz zum Flirten

Einleitung

Ich will dieses Büchlein mit einer wirklich guten Nachricht beginnen: Jeder von uns hat sie, die Lizenz zum Flirten. Auch Sie sind Lizenzinhaber.

Einige von uns nutzen sie ständig, andere seltener, und viele Männer sind sich ihrer Lizenz zum Flirten gar nicht richtig bewusst. Deshalb möchte ich Sie in diesem Handbuch auf genau die Eigenschaften, Talente und Möglichkeiten hinweisen, die Sie längst besitzen, und Ihnen nicht etwa Dinge beibringen, für die Sie Ihr Leben und Ihr Wesen komplett auf den Kopf stellen müssen. Ich richte mich vielmehr an Ihr schlummerndes Potenzial, das es hervorzukitzeln gilt, damit Sie endlich Mitglied im Club werden.

Konkurrenz belebt bekanntlich das Geschäft, und ich als passionierter Flirter weiß, wie schön es wäre – für die vielen wartenden Frauen da draußen und auch für Sie selbst –, wenn es mehr Männer gäbe, die öfter von ihrer Lizenz zum Flirten Gebrauch machen würden.

In drei kurzen und für Sie hoffentlich vergnüglichen und lehrreichen Stufen werden wir den Flirter, den Frauentyp und den Meister des Rendezvous nun also in Ihnen freilegen.

Viel Vergnügen dabei!

Testen Sie Ihre Außenwirkung

Selbstbewusstsein kommt von «sich seiner selbst bewusst sein». Je besser Sie sich selbst einschätzen können, desto besser können Sie sich auf dem Markt präsentieren. Da Sie sich als erfolgreicher Flirter quasi auf einem Markt präsentieren, sollten Sie zuallererst sich selbst einer genauen Prüfung unterziehen.

Flirten bedeutet, positive Signale auszusenden, und das schaffen Sie nicht, wenn Sie mit einer falschen Eigenwahrnehmung durch die Welt gehen. Je besser Sie sich selbst kennen und je bewusster Sie sich Ihrer Anziehungskraft, aber auch Ihrer eventuellen Schwachstellen sind, umso besser können Sie die Marke «Ich» auch anbieten.

Da Sie sicher wissen, dass selbst ein Starmechaniker keinen Toyota zu einem Bentley umbauen kann, stehen Sie zu dem Typ Mann, den Sie repräsentieren, und nutzen Sie Ihre vorhandenen Eigenschaften, anstatt sich neue zuzulegen. Das heißt jetzt nicht, dass Sie sich nicht von Ihrer besten Seite zeigen dürfen und ihre schlechteren Eigenschaften anfangs vorerst wohlweislich verstecken sollten, aber: Frauen haben einen Instinkt für angelegte Shows und Maschen. Werden Sie daher niemals zu einer schlechten Kopie irgendeines anderen Mannes, der mit seiner Masche Erfolg bei Frauen hat.

Fragen Sie stattdessen Menschen, die Ihnen nahestehen,

wie Sie auf sie wirken. Sehr interessant ist es auch zu erfahren, welchen Eindruck Ihre Bekannten von Ihnen hatten, bevor sie Sie näher kennenlernten.

Auf den ersten Blick wirkst du arrogant, bist aber ein ganz Lieber. Aha?
Ich dachte, du bist ein Weichei, aber du hast es faustdick hinter den Ohren. So, so.
Du hast schüchtern auf mich gewirkt, bis du dann einen Striptease auf der Theke hingelegt hast. Huch!
Du wirkst unnahbarer, als du eigentlich bist. Tatsächlich?
Der Unterschied zwischen dir nüchtern und dir nicht nüchtern ist so groß wie der Unterschied zwischen Kardinal Lehmann und Ozzy Ozborne. Wow, das hätte ich ja nun nicht gedacht.

Solche und ähnliche Äußerungen könnten Ihnen die hoffentlich ehrlichen Häute aus Ihrem Freundes- und Bekanntenkreis an den Kopf werfen. Diese Aussagen sind oft überraschend, manchmal sogar schockierend und sollten in Ihrem Ordner «wichtige Hintergrundinformationen» landen. Zum Großteil sind sie wahr, Ihnen bisher aber nicht bewusst gewesen, weil Sie nie danach gefragt haben. Wenn Sie so wollen, sind Sie jetzt ein Agent, der ein geheimes Dossier über sich selbst anlegt.

Je besser Sie über sich selbst Bescheid wissen, umso selbstsicherer können Sie auftreten.

Nichts hindert Sie mehr am erfolgreichen Flirten als die Frage, wie Sie denn nun auf die Frau wirken und ob sie Ihre Signale vielleicht falsch versteht.

Spielen Sie also ruhig ein bisschen mit Ihrer Außenwirkung – es macht Spaß, und nebenbei flirten können Sie auch, denn wir sind hier nicht in der Vorbereitung, sondern bereits mittendrin!

Erfolg ist kein Zufall

Gewöhnen Sie sich an, Ihre Flirtopfer zu fragen, was Sie dachten, bevor Sie näher ins Gespräch kamen.

Wenn Sie online flirten, dann probieren Sie es mit unterschiedlichen Profilen und Aussagen und testen Sie, welche Frauen wie auf Sie reagieren. Beobachten Sie, was passiert, wenn Sie morgens joggen, und was passiert, wenn Sie einen seriösen Anzug tragen.

Männertypen und ihr Flirtpotenzial

Wir sind nach wie vor unter uns. Die Frauen kommen von allein, glauben Sie mir!

Anstatt Ihnen zum tausendsten Mal zu erklären, was Frauen angeblich von uns wollen oder nicht, was die teilweise geheimnisvollen oder verstörenden Zeichen bedeuten, die sie aussenden, und wie man sie einfach zum Schweigen und Mitmachen animiert, möchte ich, dass Sie sich mit sich selbst befassen. Das langweilt Sie, weil Sie viel lieber wissen wollen, was Frauen so denken? Am besten, Sie kaufen sich gleich mehrere Bücher über Frauen und sehen selbst, ob Sie danach schlauer sind. Ich fürchte nein.

Denn abgesehen davon, dass es Millionen von Frauen gibt (und das sollten wir uns täglich freudig vor Augen halten), können Sie Ihr Frauenwissen an den vielen verschiedenen Modellen am besten anwenden, wenn Sie Ihre Waffen beherrschen. Lernen Sie daher die einzige Konstante, die Sie in das aufregendste aller Spiele einbringen, richtig kennen und einschätzen: sich selbst.

> Merke: **Es gibt nur einen George Clooney. Es gibt auch nur einen David Bowie. Und früher gab es auch nur einen Frank Sinatra und einen Cary Grant.**
>
> **Die gute Nachricht ist aber: Es gibt auch Sie nur einmal. Machen Sie also das Beste daraus. Schließlich hat jeder Typ Mann seine weiblichen Fans.**

Schubladendenken lehnen die meisten Menschen ab, schließlich will sich niemand verallgemeinern lassen. Wenn Sie dies nun trotzdem kurz mit sich selbst tun, werden Sie feststellen, dass Sie natürlich eine Mischform sein werden – ein Macho mit Herz zum Beispiel, geheimnisvoll, Kauz, Künstler, Normalo, Prolet, Spaßvogel oder gar ein Gentleman mit Tendenz zum kleinen Jungen. Aber prüfen Sie gut, welchen Persönlichkeitstyp Sie in die Waagschale werfen und wo Ihre Stärken und Schwächen liegen, und stecken Sie sich ruhig mal in eine Schublade. Das hilft Ihnen, sich selbst besser einzuschätzen und etwaige Nachteile beim Flirten in Vorteile zu verwandeln.

Am Ende werden Sie feststellen: Die Mischung macht's. Sie werden sich wahrscheinlich in keinem der aufgezählten Typen zu 100 Prozent wiederfinden, aber bei vielen einen Teil von sich entdecken.

Merke: **Frauen lassen sich gern überraschen und lieben die Abwechslung.**

Zwar stehen sie eher auf bestimmte Eigenschaften, lassen ihre Herzen aber von den unterschiedlichsten Typen erobern.

Betrachten Sie zur Beruhigung doch einmal einen weiblichen Kleider- oder Schuhschrank. Denken Sie daran, wie unstet viele Frauen sogar sind, wenn es um die Wahl ihrer Kosmetiklinie geht: Da stehen unzählige angebrochene Töpfchen herum und werden regelmäßig durch neue ersetzt.

Das muss mit Männern nicht zwangsläufig genauso häufig passieren, aber nutzen Sie wieder einmal einen Vorteil schamlos aus: Frauen lassen sich liebend gern umwerben und überzeugen. Und was die Mode- und Kosmetikindustrie kann, das können auch Sie!

Orte und Strategien

Hier möchte ich Ihnen nochmals die Klassiker nennen und natürlich auch einige Spezialtipps geben.

Merke: **Flirten lässt es sich eigentlich überall, Sie müssen nur bereit dazu sein.**

Die Bar

Nachts sind nicht alle Katzen grau. Ganz im Gegenteil, nicht wenige beginnen nach Sonnenuntergang regelrecht zu schillern. Falls auch Sie dazugehören, sollten Sie das Nachtleben Ihrer Stadt ausgiebig nutzen. Denn Orte, an denen alkoholische Getränke bei gedämpftem Licht serviert werden, wurden quasi für den Flirt erfunden. Lebenspartner oder Seelenverwandte lernen die meisten Menschen dagegen woanders kennen. Die meisten wohlgemerkt, denn wie wir ja wissen, bestätigen Ausnahmen die Regel.

Was Sie tun sollten

Suchen Sie sich eine Bar, die zu Ihrem Typ und Ihren Gepflogenheiten passt. Wenn Sie sich alleine in eine Vereinskneipe stellen, bringt Ihnen das beim Flirten vermutlich nicht viel. Auch typische Eckkneipen, in denen es durchschnittlich eine

Frau gibt, nämlich die Wirtin – die noch dazu meist genauso alt ist wie das Inventar des Ladens –, sind keine geeigneten Orte für einen aufregenden Flirt. In größeren Bars mit Selbstbedienung ist der Tresen dagegen der beste Platz, da jeder Gast irgendwann herkommen muss, um sich mit Getränken zu versorgen.

Ein Barfly von Format ist einigermaßen über die Auswahl an Drinks und Cocktails informiert. Es gibt Schlimmeres und Öderes, was man lernen könnte. Machen Sie sich also auf diesem Sektor schlau, denn die Karte der Bar ist immer ein gutes und unverfängliches Gesprächsthema. So können Sie Getränke empfehlen, vor gewagten Kombinationen warnen und haben jederzeit die Möglichkeit, ein Kennergespräch mit dem Barmann zu führen. Wenn Sie eine oder mehrere Frauen einladen wollen, ist es übrigens nicht Ihre Pflicht, dasselbe zu bestellen wie die Damen. Aber die höfliche Frage «Sie nehmen also einen Tequila Sunrise. Macht es Ihnen etwas aus, wenn ich beim Whisky bleibe?» unterstreicht, dass Sie ein Gentleman sind.

Was Sie unterlassen sollten

Viele Bars kann man bestens alleine aufsuchen. Sie können dort lesen, schreiben, nachdenken und natürlich trinken. Achten Sie aber immer darauf, zu keinem Zeitpunkt so zu wirken, als würden Sie verzweifelt Anschluss suchen. Ihre Anwesenheit ist so selbstverständlich wie Ihre Anwesenheit in Ihrem eigenen Auto auf dem Weg zur Arbeit. Vielleicht warten Sie auch auf jemanden, der sich verspätet oder absagen muss. Ihrem gelungenen Abend tut das keinen Abbruch, denn Sie langweilen sich nie. Sie gehören auch nicht zum Inventar der Bar und warten seit Jahren darauf, dass man Sie bemerkt. Das wird ganz bestimmt nicht geschehen, denn wenn Sie Abend für Abend auf demselben Barhocker sitzen, gelten Sie nicht mehr als Gast und schon gar nicht als Flirtpartner.

Wirklich betrunken sollten Sie natürlich auch nicht sein, denn dann werden die Frauen zwar häufig auf Sie aufmerksam, betrachten Sie aber eher mitleidig als bewundernd.

Clubs und Diskotheken

Wir wissen, wie es hier zugeht. Ob Mann regelmäßig Tanzlokale aufsucht, ist natürlich eine Frage des Lebensstils und oft auch des Alters – obwohl es längst keine Altersbegrenzung nach oben mehr gibt, wenn es um ausschweifendes Nachtleben geht. Als Tänzer haben Sie die besten Voraussetzungen, ausgibig zu flirten. Viele Frauen sind begeisterte Tänzerinnen und heißen jeden Mann willkommen, der diese Leidenschaft mit ihnen teilt. Wer tanzt, ist offen und signalisiert, dass er guter Stimmung ist. Ein Tanz bietet außerdem die Möglichkeit, sich kurzfristig miteinander zu amüsieren, und zwar ohne weitere Folgen.

Was Sie tun sollten

Sich in Schale werfen, denn indem Sie den Ausgehabend würdigen, indem Sie sich entsprechend anziehen, hebt das auch Ihre Stimmung. Sie sollten sich natürlich eine Veranstaltung und einen Ort aussuchen, der Ihnen liegt und an dem Sie sich nicht fehl am Platz fühlen. Sehr junge Frauen sind oft etwas sehr Schönes, aber keine willigen Flirtpartnerinnen für Sie, wenn Sie deutlich älter sind und sich allein in eine Gruppe junger Hühner drängeln.

Schlangen, die sich an diesen Orten bilden, und endet beim netten Gespräch mit Ihrer Sitznachbarin im Flugzeug. Auch wenn Sie viel reisen, weil Sie zum Beispiel oft geschäftlich unterwegs sind, betrachten Sie das Unterwegssein als Abenteuer und so oft es geht auch als Urlaub. Mustern Sie Ihre Mitreisenden interessiert, seien Sie aufgeschlossen und möglichst wenig unter Druck. Mit Lockerheit werden Sie inmitten Ihrer vielen gestressten Mitmenschen garantiert positiv auffallen.

Wenn Sie sich im Flugzeug oder in der Bahn Ihren Platz suchen, grüßen Sie Ihre Mitreisenden freundlich. Einer Dame beim Verstauen ihres Gepäcks zu helfen ist ebenfalls eine leichte und gern gesehene Übung.

Was Sie unterlassen sollten

Krampfhaft das Gespräch zu suchen ist eigentlich immer ein Fehler. Zumal man in Verkehrsmitteln aller Art in der unangenehmen Lage ist, dass man nicht gehen kann und den Sitznachbarn daher als doppelt aufdringlich empfindet. So nett er es auch meinen mag.

Fitnessstudio

Jeder Singleratgeber wird Ihnen raten, möglichst viel vor die Tür zu gehen und aktiv zu werden. Sport gehört natürlich dazu. Beim Fitness, beim Schwimmen und vor allem in der Sauna sollten Sie jedoch auf der Hut sein. Der Sportclub ist ein Ort der Missverständnisse zwischen Mann und Frau. Männer freuen sich über Frauen in großer Zahl, die sich ebenfalls körperlich betätigen wollen, während sich Frauen oft (manchmal sogar, bevor irgendetwas vorgefallen ist) belästigt fühlen.

Was sagt uns das? Es sagt uns, dass es einfacher ist, mit einer komplett vermummten Frau an einer zugigen Bushaltestelle in Kontakt zu kommen als mit einer komplett ausgezogenen, die in der Sauna neben uns liegt. Finden Sie sich damit ab und warten Sie hier eher darauf, dass eine Frau Sie anspricht. Sport- und Wellnessorte können spannend sein, bisweilen aber auch ein Minenfeld.

Was Sie tun sollten

Betätigen Sie sich tatsächlich sportlich. Allein damit umgehen Sie den Verdacht, ein Spanner zu sein. Sie befinden sich immer nur da, wo Sie tatsächlich auch sein wollen. Wenn Sie, versunken in Ihre Aktivität, kurz aufblicken und dann in ein hübsches Paar Augen schauen, ist das ein prickelnder Anfang.

Besuchen Sie den Sportort außerdem tatsächlich regelmäßig. Das ist gut für Ihren Körper – und für Ihren Ruf. So fühlen Sie sich wohler, heimischer und treffen von Mal zu Mal mehr bekannte Gesichter. Als Mann, den man kennt und grüßt, suggerieren Sie Vertrauen. Den potenziellen Flirtopfern wird so einmal mehr klar, dass Sie sich hier regelmäßig aufhalten, um Ihrem Körper etwas Gutes zu tun, und nicht, um sich einfach nur nach Frauen umzuschauen.

Was Sie unterlassen sollten

Begeben Sie sich im Sportstudio niemals an Orte, an denen Sie nicht sein wollen. Wenn Sie konzentriert schwimmen, wirken Sie souverän. Wenn Sie sich nur planschend umblicken, erwecken Sie den Verdacht, ein Spanner zu sein, der den Umstand ausnutzt, Frauen in Badebekleidung zu treffen. Dafür werden Sie mit Ignoranz, im Extremfall sogar mit Spott oder Schelte bestraft.

Auch die Teilnahme an typischen Frauenkursen ist nur ein vermeintlicher Trick, um den Damen der Schöpfung zu gefallen. Falls ich mich an dieser Stelle zu grob ausdrücken sollte, so sei angemerkt, dass ich lediglich Frauen zitiere: «Bei der Problemzonengymnastik sind nur schwule Männer gern gesehen.»

Sie sollten sich also von der Idee verabschieden, dass Frauensportarten ein Flirtterrain sind. Andernfalls könnten Sie auch an der Volkshochschule backen oder sticken.

Kaufhäuser und Boutiquen

Falls Sie ein Shoppingmuffel sind und es in Ihrem Leben schon die eine oder andere Dame gab, die Ihnen ein regelrechtes Kaufhaus- und Boutiquentrauma verursacht hat, bekämpfen Sie es. Frauen bei Ihrer Lieblingstätigkeit sind hervorragende Flirtopfer. Sie müssen nicht auf Streifzüge durch Läden gehen, wenn Sie nichts brauchen, aber nutzen Sie jede Gelegenheit, die sich bietet, und sehen Sie es positiv: Sie suchen etwas Hübsches für Ihre Schwägerin und können nebenbei auch noch mit diversen Schönen ins Gespräch kommen. Nicht nur die Verkäuferin wird Sie gern beraten, auch Kundinnen haben meist ein offenes Ohr, wenn Sie Fragen zu Farben, Düften, Größen oder Moden haben. Probieren Sie es einfach aus.

Was Sie tun sollten

Fragen Sie die Frauen, die Ihnen begegnen, höflich, ob sie Ihnen mit der richtigen Größe auf die Sprünge helfen können – egal ob es sich um Herren- oder Damenbekleidung handelt.

Wertschätzen Sie ihr Urteilsvermögen, etwa mit Sätzen wie: «Sie sehen aus, als hätten Sie einen guten Geschmack. Welches dieser beiden Parfüms gefällt Ihnen besser?»

Lächeln Sie anerkennend oder bewundernd, wenn sich Frauen selbst im Spiegel betrachten. Natürlich pfeifen Sie nicht anzüglich oder tun andere Dinge, die Ihnen als schlechtes Benehmen ausgelegt werden könnten. Frauen mögen es, wenn man ihnen sagt, was ihnen steht. Seien Sie dabei aber niemals aufdringlich und passen Sie den richtigen Moment ab. Es gibt nämlich auch Situationen, in denen Frauen ungestört über ihr Aussehen und ihre Einkäufe nachdenken wollen.

Sie sollten auf jeden Fall selbst aktiv einkaufen und aussuchen – und zwar nicht nur in den Damenabteilungen. Denn Sie wissen ja: Männer, die sich um ihre Garderobe und ihr Aussehen kümmern, kommen bei Frauen immer gut an.

Was Sie unterlassen sollten

Schleichen Sie niemals wie ein Voyeur durch die Unterwäscheabteilung. Hier sind Sie entweder in Begleitung einer Frau, oder Sie sind voll und ganz damit beschäftigt, etwas für eine Frau zu kaufen. Wenn Sie einfach nur herumschlendern und den Frauen bei der Suche nach BHs und Höschen zuschauen, bringt Sie das schnell in den Verdacht, ein Spanner zu sein.

Bau-, Elektronik- und Möbelmärkte

Hier sind viele Frauen nicht ganz so in ihrem Element wie in der Kosmetikabteilung, aber sie sind da. Und Sie auch. Wie auch an all den anderen Flirtorten des Alltags, befinden Sie sich im Bau-, Elektronik- oder Möbelmarkt, weil Sie hier tatsächlich etwas zu tun oder zu kaufen haben. Der Flirt ist nur eine Nebenwirkung, allerdings eine sehr willkommene.

Was Sie tun sollten

Wandeln Sie mit offenen Augen durch die Gänge und schreiten Sie notfalls helfend ein. Eine Frau sieht sich gerade ein Telefon an, von dem Sie wissen (oder ahnen), dass es teurer Schrott ist? Weisen Sie sie nett darauf hin. Oft liefern Sie damit genau die Information, die sie als Kundin braucht. Wenn Sie sich von Ihnen schulmeisterlich behandelt fühlt, dann entschuldigen Sie sich kurz und gehen lächelnd weiter.

Eine wunderbare Situation tut sich natürlich auf, wenn Ihnen eine Frau gefällt und diese auch noch etwas begutachtet oder in der Hand hält, das Sie sich auch kaufen würden oder sogar besitzen. Hier können Sie ein Kompliment für den Gegenstand platzieren und damit indirekt auch für die Käuferin. «Schöne Frau, schöner Tisch/Toaster/Schraubenzieher» wäre natürlich ein bisschen zu platt ausgedrückt, aber ich hoffe, Sie wissen, was ich meine. Anschließend können Sie fachsimpeln oder ernten ein amüsiertes Lächeln, eine Reaktion werden Sie damit aber auf jeden Fall hervorrufen.

Allerdings müssen Sie kein Technikgenie oder Profihandwerker sein – Sie sind ebenfalls Kunde. Wenn etwas unübersichtlich oder unklar ist, können auch Sie in die Rolle des Fragenden treten und die Damen fragen, wo was zu finden ist oder wo sie diesen oder jenen Gegenstand entdeckt hätten. In Elektronikfachmärkten ist es außerdem häufig so, dass mehrere Kunden nach einem Fachverkäufer suchen und, wenn sie diesen endlich gefunden haben, eine genervte Traube bilden. Sollten Sie gerade an der Reihe sein, ist das eine nette Variation der Kassenschlange: Sie lassen der Dame galant den Vortritt.

Oder Sie binden die Kundin in das Gespräch ein, etwa indem Sie ihr zu verstehen geben, dass es Ihnen sehr leidtut, wenn sie warten muss, und dass Sie hoffen, es sei kein Problem.

Was Sie unterlassen sollten
Schweden vermöbeln und duzen sehr eifrig. Sie sollten jedoch auch bei IKEA anfangs der vorsichtige Benutzer der Anrede «Sie» bleiben, wenn Sie denn älter als 20 Jahre sind. Vielleicht sogar mit dem Hinweis: «Entschuldigen Sie bitte, wenn ich Sie sieze, aber wo finde ich hier die Sachen fürs Bad?»

Vermeiden Sie immer den Anschein, eine Frau zu verfolgen. Es kann sehr gut sein, dass man sich zufällig mehrmals an einem Ort begegnet. Aber bitte tun Sie nie unauffällig und tauchen dann wieder neben oder hinter ihr auf. Wie gesagt: Sie haben an jedem Ort mehr zu tun, als nur zu flirten.

Im Straßenverkehr

Es kann unglaublich erotisch sein, an roten Ampeln zu flirten und anschließend beschwingt lächelnd ein Stück in dieselbe Richtung zu fahren. Noch prickelnder, weil noch minimaler, ist es, wenn der Kontakt über den Rückspiegel läuft. Vergessen Sie die Falschfahrer und Vorfahrtmissachter um sich herum (aber vergessen Sie sich bitte nicht ganz, wenn Sie am Steuer sitzen!) und achten Sie nicht mehr auf den Fahrstil, sondern auf die Fahrerinnen.

Was Sie tun sollten
Wenn Sie selten Zeit für andere Flirtorte haben und Sie die schönsten Frauen morgens im Berufsverkehr sehen, dann las-

sen Sie einfach die Scheibe herunter und nehmen Sie Kontakt auf. Wenn die Traumfrau hinterm Steuer nicht will, geben Sie einfach Gas, und niemand war Zeuge des Korbs, den Sie gerade erhalten haben. Besonders für schüchterne Flirter eignet sich diese Methode. Zwinkern Sie, lächeln Sie, hören Sie laut Ihre Lieblingsmusik und grinsen Sie in die anderen Wagen. Wenn Sie ein Technikfan sind und aufs Ganze gehen wollen, halten Sie Ihr Handy hoch oder aus dem Fenster und bedeuten Sie der Dame nebenan, sie möge ihren Bluetooth einschalten. Wenn es ihr technisch möglich ist und sie mitmacht, kommen Sie so an ihre Nummer.

Was Sie unterlassen sollten

Verfolgen Sie keine Frau, die Ihnen kein eindeutiges Zeichen gegeben hat. Erinnern Sie sich an den alten Schlager «Im Wagen vor mir fährt ein junges Mädchen» von Henry Valentino? In der letzten Strophe beginnt das Mädchen auf seinen Verfolger zu schimpfen und hofft, dass es ihn endlich loswird. Werden Sie nie zum Verfolger!

Die freie Natur

In der Natur treffen Sie vorrangig sportliche Frauen oder Frauen mit Kindern oder Hunden. Im Sommer treffen Sie auch diejenigen, die sich gerne sonnen. Damit eröffnen sich Ihnen jede Menge Möglichkeiten zu flirten.

Was Sie tun sollten

Sie sollten tatsächlich gern im Freien sein und irgendetwas tun, zum Beispiel spielen. Hier sind jetzt nicht die raffinierten

Spiele gemeint, die Sie als Flirter anzetteln, sondern solche, die auch Ihr neunjähriger Neffe als Spiel bezeichnen würde: Federball oder Frisbee zum Beispiel.

Wenn Sie ein jungenhafter Typ und zudem bestens in Form sind, können Spiele im Freien sehr wohl die Blicke der schönen Frauen auf den Decken und Parkbänken auf sich ziehen. Als Beachvolleyball-Champion haben Sie sowieso – haha – leichtes Spiel. Sollten Sie dagegen seit Jahrzehnten nichts in dieser Richtung unternommen haben, erwarten Sie bitte nicht, dass Sie sämtliche Sportmiezen des gesamten Parks magisch anziehen, nur weil Sie Ihre alten Federballschläger vom Dachboden geholt haben. Auch amateurhaftes Kicken kann sexy wirken – oder lächerlich.

Was Sie unterlassen sollten

Beim Sport im Freien und im Freibad gilt dasselbe wie im Fitnessstudio: niemals starren, sondern selbst aktiv werden. Achten Sie daher mehr als sonst darauf, dass sich der Flirt scheinbar leicht und zufällig ergibt und nichts, aber auch rein gar nichts mit dem Bikini oder winzigen Oberteil der aktiven Schönen zu tun hat.

Private Einladungen

Hier befinden Sie sich quasi auf bereitetem Boden. Denn da Sie zu den Gästen des Hauses gehören, ist die erste Barriere schon einmal gefallen. Sie sprechen keine wildfremden Frauen an, sondern ebenfalls geladene Gäste. Ihre Einstiegsmöglichkeiten sind unzählig und viel weniger gefährlich als auf fremdem Terrain: Woher die Dame den Gastgeber kennt, ist eine viel unverfänglichere und legitimer wirkende Frage als der Standardspruch: «Na, öfter hier?», der zu den (unbeliebten und belächelten) Klassikern in Bars zählt.

Was Sie tun sollten

Selbstverständlich zeigen Sie sich von Ihrer besten Seite. Dafür sollten Sie sich so wohl wie möglich fühlen – also praktisch wie zu Hause. Nutzen Sie den Umstand, dass Sie viele der Anwesenden bereits kennen, und lassen Sie sich den noch Unbekannten vorstellen. Als Gast, den man schätzt und mag, haben Sie außerdem ein passendes Gastgeschenk dabei. Der Zeitpunkt Ihres Auftauchens hat ganz mit Ihren persönlichen Vorlieben zu tun. Entscheiden Sie selbst, ob Sie lieber früh kommen, um sich beim Eintreffen der anderen Gäste schon heimisch zu fühlen, oder ob Sie es genießen, in eine bereits bestehende Runde zu platzen.

Wenn Sie diese Art des Auftritts mögen, machen Sie besonders angenehm auf sich aufmerksam, wenn Sie ein guter Geschichtenerzähler sind und die Runde sofort bestens mit dem Grund Ihrer Verspätung unterhalten. Oder wenn Sie mit einer besonderen Leckerei aufwarten können. Sie glauben gar nicht, wie schnell man sich auf einigen Partys mit einer Flasche Champagner zum Star erheben kann.

Eine private Zusammenkunft eignet sich auch immer hervorragend, um ein Wir-Gefühl zu erzeugen. Beispielsweise indem Sie in den beliebten Partyraum Küche gehen und fragen, ob «wir» alle noch etwas zu trinken haben oder wollen. Oder ob «wir» uns vielleicht um tanzbarere Musik kümmern sollten, die Fenster öffnen oder schließen sollten. Oder ob «wir» vielleicht die Gastgeber fragen sollten, ob «wir» nicht zu laut für die Nachbarn oder Kinder sind. Die angenehm vertrauliche Atmosphäre, die Sie damit erzeugen, eignet sich ausgezeichnet als Flirteinstieg. Wenn es sich bei den Gastgebern eher um Bekannte als enge Freunde handelt, können Sie natürlich auch den Frauen die Frage stellen, ob «wir» vielleicht zusammen weiterziehen sollten – auf eine aufregendere Party. Dies tun Sie natürlich so, wie es Ihre Art ist: charmant und diskret.

Was Sie unterlassen sollten

Im privaten Kreis verpasst man oft die Neuzugänge, weil man mit alten Bekannten so viel zu bereden hat oder zum Beichtvater der alten Freunde wird und deshalb keine Gelegenheit findet, sich die unbekannten Partygäste einmal genauer anzusehen. Eisen Sie sich los von Gesprächspartnern, die Sie bereits kennen und mit denen Sie sich auch zu einem späteren Zeitpunkt am Telefon unterhalten können. Wenn Sie zurückhaltend sind, denken Sie immer daran, dass eine private Party eine gute Gelegenheit ist, die sich nicht alle Tage bietet und auf der Sie viel einfacher zum Zug kommen als auf einer öffentlichen Veranstaltung. Genau deshalb wäre es doch schade, wenn Sie Ihre Zeit ausschließlich mit Menschen verbringen würden, die Sie sowieso schon seit Jahren kennen.

Auf Demonstrationen und Straßenfesten

Ob Sie nun gegen die Erhöhung der Rentenbeitragssätze protestieren, im Auftrag der Friedensbewegung unterwegs sind oder eigentlich nur, um endlich eine interessante Frau kennenzulernen – so eine Demonstration ist geradezu prädestiniert für die schnelle und unkomplizierte Kontaktaufnahme. Denn das Wir-Gefühl, also gemeinsam für eine Sache einzustehen, hilft Ihnen beim Flirten ungemein.

Was Sie tun sollten
Trauen Sie sich und fragen Sie die hübsche Aktivistin nach dem Routenverlauf, wettern Sie mit ihr zusammen gegen den politischen Gegner oder bieten Sie Ihre Hilfe beim Ausrollen des Transparents an. Auf Straßenfesten, genauso wie bei Karnevalsumzügen, stehen Ihnen sowieso alle Tore offen.

Was Sie unterlassen sollten
Mischen Sie sich nie unter einen Streik, der Sie nichts angeht. Hier herrscht keine Flirtstimmung, glauben Sie mir!

Ungeeignete Orte

Als nicht geeigneter Ort für einen Flirt fällt mir hier eigentlich nur die Beerdigung ein – aus Gründen der Pietät.

Denn selbst im Wartezimmer der Arztpraxis oder im Krankenhaus wird natürlich geflirtet, wie man nicht nur in zahlreichen Arzt- und Krankenhausserien sehen kann. Wir flirten überall und immer, denn wir haben die Lizenz zum Flirten.

Flirtpartner und Flirtbremsen

Wenn Sie bisher eher weniger erfolgreich oder gar nicht geflirtet haben, muss die Schuld nicht Sie allein treffen. Nein, schieben Sie es ruhig auch auf andere und unterteilen Sie Ihr Umfeld eiskalt (aber nur für sich und sehr diskret) in Flirtpartner und Flirtbremsen.

Flirtpartner

Der gutaussehende Kumpel

Zu behaupten, dass ein Blickfang dem eigenen Flirterfolg schadet, wäre Augenwischerei. Und zu behaupten, dass Frauen nur auf die inneren Werte achten (besonders wenn es spät, dunkel und laut ist), wäre eine glatte Lüge.

Auch wenn Ihr gutaussehender Bekannter in festen Händen ist – man wird auf Sie aufmerksam. Wenn Sie selbst ebenfalls attraktiv sind – hervorragend. Falls nicht, haben Sie keine Angst vor seinem Aussehen, denn wenn die Frauen erst einmal neben Ihnen stehen, werden sie auch Ihnen Aufmerksamkeit schenken.

Der Witzbold
Nutzen Sie ihn und die Stimmung, die er verbreitet, denn mit ihm können Sie gar nicht verlieren. Bedenken Sie: Wie jeder andere Mensch auch, wirken Sie viel anziehender, wenn Sie lachen. Ihr witziger Freund wird dafür sorgen, dass Sie eben nicht mit betroffener Miene neben ihm sitzen müssen. Außerdem zieht der Witzbold Publikum an, denn er liebt es, im Mittelpunkt zu stehen. Sollte er übers Ziel hinausschießen und geschmacklos werden, können Sie jederzeit die Rolle des Stilvolleren annehmen und ihn bitten, den Fuß ein bisschen vom Gas zu nehmen. So sammeln Sie garantiert Punkte.

Die lustige Freundin
Wenn Sie mit einer sympathischen und charismatischen Frau einen Raum betreten, wird sofort klar: Sie sind nur gute Freunde. Ihr lustiger weiblicher Kumpel zieht interessante Gesprächspartnerinnen an, sorgt für gute Stimmung, und wenn Sie Glück haben, wird Ihre Begleiterin Sie auch noch in den höchsten Tönen loben.

Der Tausendsassa
Es gibt ihn in der männlichen und in der weiblichen Version, und er kennt jeden Ort und jede wichtige Person. Er ist oberflächlicher, aber sehr guter Freund aller Dienstleister, Gastronomen oder VIPs in Ihrem Umfeld. Da er ein Hypersozialkontakter mit einem übervollen Adressbuch ist, stellt er auch jeden jedem vor. Wenn Ihnen jemand aus seinem riesigen Dunstkreis gefällt, haben Sie auch sicher die Gelegenheit, sofort ein nettes Gespräch zu beginnen, denn der Tausendsassa ist häufig sofort nach dem Vorstellen mit einer neuen Person, einem Anruf oder einer SMS beschäftigt.

Das Barpersonal
Wenn Sie gerne nachts flirten, ist ein guter Barmann oder Kellner natürlich immer Ihr Verbündeter. Lassen Sie es aber nicht so aussehen, als würden Sie rund um die Uhr an seinem Tresen zubringen – das macht einen fragwürdigen Eindruck. Als gern gesehener Gast sind Sie dagegen in einer guten Position, wenn Sie Ihren Flirt auf einen Drink einladen.

Der Hund
Studien belegen, dass vierbeinige Freunde Sympathien erzeugen und somit wie von selbst Ihre Flirtchancen erhöhen. Sie bilden einen hervorragenden, weil unverfänglichen Gesprächseinstieg und erwecken den Eindruck, dass Sie – das Herrchen – ein verantwortungsbewusster und netter Kerl sind. Neben den unzähligen Promenadenmischungen, denen die Herzen der Frauen nur so zufliegen, machen Sie sich laut einer von der Online-Partnervermittlung ElitePartner erhobenen Umfrage mit einem Labrador oder einem Golden Retriever besonders beliebt. Auch ein Deutscher Schäferhund eignet sich bestens als Flirtpartner, während sich nur jede dritte Frau auf einen Flirt mit dem Herrchen eines Jack-Russel-Terriers einlassen würde. Wobei jede dritte immer noch eine enorm hohe Zahl ist, denn die wenigsten Männer möchten mit wirklich jeder Frau ins Gespräch kommen.

Zwergpinscher wirken ebenfalls wenig anziehend – die kleinen Kläffer sind wohl eher etwas für echte Liebhaberinnen. Ebenso verhält es sich mit Kampfhunden, mit denen Sie sich wohl nur bei Frauen beliebt machen, die ebenfalls einen Kampfhund besitzen. So unfair es auch ist: Hunde sind zwar Lebewesen, aber Moden unterworfen, und derzeit überhaupt nicht in Mode sind Pudel. Egal ob frisiert oder naturbelassen –

mit einem Pudel ist im Moment kein Flirtpokal zu gewinnen. Sollten Sie bereits Herrchen einer dieser weniger populären Hunde sein, werden Sie dennoch wissen, warum. Vielleicht bringt Ihnen ja Ihr Schwimmen gegen den Strom Sympathiepunkte ein.

Das Auto
Dunkelhaarige Frauen müssen sich mit der Beliebtheit von Blondinen abfinden. Wenn Sie passionierter Fußgänger, Radfahrer oder Besitzer eines rostigen Kleinwagens sind, müssen Sie eben damit leben, dass ein schöner Wagen auf jeden Fall ein Blickfang ist. Leider nicht nur bei neidischen Männern, sondern auch bei schönen Frauen.

Aber auch als Fahrer eines eher passablen als aufsehenerregenden Wagens sollten Sie es sich nicht entgehen lassen, an den roten Ampeln den Blickkontakt zu den Verkehrsteilnehmerinnen in Ihrem Umfeld zu suchen. Vorsicht bei Sportwagen! Sie ziehen damit die Aufmerksamkeit auf sich, doch als rasender Zampano, der ständig den Motor aufheulen lässt, wird es eher die Aufmerksamkeit halbstarker Jungs sein.

Flirtbremsen

Bei diesen Fällen könnten Sie trotz Ihrer Flirtlizenz unter Umständen nicht ganz so lässig zum Ziel kommen. Vielleicht erkennen Sie ja sogar die eine oder andere Person oder Situation aus Ihrem Leben wieder. Doch kein Grund zur Sorge: Sie können fast immer und fast überall flirten, und vielleicht weckt eine kleine Bremse ab und an Ihren Kampfgeist erst recht!

Der muffelige, schlechtangezogene Kumpel

Damit meine ich jetzt einen netten Typ im falschen Pulli, mit der falschen Frisur, der auf Frauen die Ausstrahlung einer Mottenkugel auf Motten hat.

Sie möchten die Frauen eher anziehen wie das Licht die, um mal bei dem Bild mit den Motten zu bleiben? Gehen Sie mit Ihrem Freund ruhig weiter einen trinken, aber nicht mehr auf die Pirsch.

Der Stammtischpolitiker

Politik wird auch bei Nacht nicht zu einem lustigen Thema. Im Gegenteil: Laute Tiraden gegen Managergehälter, die man selbst leider nicht einstreicht, das Scheidungsrecht, Regeln, Verbote und Benzinpreise, das böse, böse Finanzamt und alle anderen Ärgernisse, mit denen man sich als Bürger, Autofahrer und Mann so herumzuschlagen hat, werden weder Sie in gute Stimmung versetzen noch amüsierwillige Frauen auf den Plan rufen.

Die herzensgute, aber weinerliche Freundin oder Kollegin

Finger weg von einer Frau, die ständig ein Problem hat – und sei es ein sehr hartnäckiger Schnupfen – und mit der Sie Ihre Nächte vor einer Apfelschorle verbringen müssen. Mit einem offenen Ohr, versteht sich.

Wenn Sie nicht wollen, dass der Rest der Frauenwelt denkt, Sie wären der verständnisvolle Ehemann dieser armen Frau, hören Sie sich ihre Sorgen am Telefon an und ziehen Sie allein um die Häuser.

Das Mobiltelefon
Als Dauertelefonierer entgehen Ihnen ganz sicher diverse Flirts, es sei denn, Sie flirten am Telefon. Nutzen Sie dann Ihre positive Ausstrahlung und suchen Sie den Blickkontakt mit potenziellen Flirtpartnerinnen in Ihrer Umgebung. Natürlich nur, wenn Sie diese Art des doppelten Spiels nicht als moralisch verwerflich einstufen.

Einige Kollegen
Hinderlich sind auch Kollegen, die die Arbeit nicht ruhen lassen können. Wenn bei Tisch oder beim Feierabendbier nur der Chef, der Auftrag, die miesen anderen Kollegen und so weiter Thema sind, wirken Sie nach außen hin schnell wie eine uneinnehmbare Festung.

Unklare Fälle

Kinder
Bei Kindern scheiden sich die Geister. Fast ausnahmslos jedes weibliche Herz öffnet sich beim Anblick der lieben Kleinen. Wenn Sie mit dem Gedanken spielen, sich ab jetzt öfter Ihre Neffen, Nichten oder Patenkinder auszuleihen, bedenken Sie aber: Auf den ersten Blick wirken Sie wie ein netter Vater.

Pro: Nette Väter sind beliebt bei Müttern.

Contra: Nette Väter lassen bei Singlefrauen ein Besetztzeichen aufleuchten.

Aufreißer
Der Aufreißer ist zwar immer in Aktion, muss aber kein Erfolgsgarant in Ihrer Flirtkarriere sein.

Pro: Mit ihm ist was los! Da er oft sogar ganze Reisebusse voller Frauen anspricht, verschafft er Ihnen immer eine beachtliche Auswahl.

Contra: Der notorische Aufreißer benimmt sich so eindeutig, dass viele Frauen kichernd einen Bogen um ihn machen. Wenn er doch mal erfolgreich ist, stürzt der sich wahrscheinlich auf das Sahnestückchen und zwingt Sie, sich um die Freundin seiner neuen Perle zu kümmern.

Die große Clique

Pro: Mit vielen Freunden kann man wunderbare Zeiten verleben. Wenn Ihre Clique ständig Neuzugänge zu verzeichnen hat, wird sicher auch das ein oder andere Flirtobjekt darunter sein.

Contra: Handelt es sich allerdings um einen Männerstammtisch, fühlt sich oft nur die Kellnerin bemüßigt, sich ihren Weg zu Ihnen zu bahnen. Besteht Ihre Gang wiederum aus Männern und Frauen, wird nach außen hin schwer klar, wer Single ist und wer gebunden. Sicher werden Sie in der großen Gruppe nach außen hin das Gefühl vermitteln, dass man Spaß mit Ihnen haben kann, doch versetzen Sie sich mal in die Lage der Außenstehenden. Um mit einem Menschen in Kontakt zu treten, der sich inmitten einer lärmenden Horde befindet, die sich zudem seit Jahrzehnten zu kennen scheint, darf man als Neuankömmling auf keinen Fall schüchtern sein.

Das Superweib

Vielleicht ist sie Ihre Ex, vielleicht auch Ihre Schwester oder die atemberaubende Frau Ihres besten Freundes, der selten ausgeht. Wie auch immer, Fakt ist: Zwischen Ihnen und der Dame läuft nichts.

Pro: Positiv betrachtet kann Superwoman aber auch das Interesse an Ihnen steigern, wie Sie sich vorstellen können. Flirten Sie also trotzdem, Reaktionen sind Ihnen sicher!

Contra: Sie haben eine Granate dabei, und die anderen Frauen halten deshalb Abstand, wenn Sie mit ihr irgendwo auftauchen.

Der Frauentyp

Wie sieht er aus?

Es gibt eine Tatsache, die wir Männer täglich feiern sollten: Unser äußerliche Erscheinung ist in der freien Wildbahn weniger wichtig als die der Frauen. Selbst wenn Sie Feminist sein sollten, werden Sie wissen, dass es daran nichts zu rütteln gibt, denn die Sache ist genetisch bedingt.

Der Vorteil: Sie müssen keine optischen Klischees erfüllen.

Der Nachteil: Sie können nicht mit Klischees punkten.

Ein durchtrainierter Körper ist sicher nicht von Nachteil, hat aber nicht ansatzweise den Effekt, den eine lange Mähne, noch längere Beine, volle Lippen und der gutgefüllte BH einer Frau bei der Männerwelt erreichen. Vielleicht haben Sie noch nie einen Gedanken daran verschwendet, aber achten Sie mal darauf, wie wichtig weibliche Supermodels in unserer Kultur sind – eben weil Schönheit bei einer Frau ein wichtiges Attribut ist. Wie unwichtig sind dagegen männliche Supermodels, die übrigens nur einen Bruchteil der Gagen weiblicher Models einstreichen.

Lassen Sie uns also auf den Fakt anstoßen, dass Ihr Aussehen bei der Frage, ob Sie ein Frauentyp sind oder nicht, keine große Rolle spielt. Deshalb lautet die Devise: Beachten Sie Kleinigkeiten, pflegen Sie Ihren Stil und stellen Sie etwas dar!

Pflege

Die Annahme, dass Sie deshalb Ihr äußeres Erscheinungsbild vernachlässigen dürfen, ist allerdings ein grober Fehler. Auf der einen Seite haben wir Mutter Genetik, die Sie mit Ihrer Körpergröße, Ihrer Haarfülle und Ihren Gesichtszügen ausgestattet hat. Auf der anderen Seite haben wir Sie, den erwachsenen Mann, der einen riesigen Beitrag zu leisten hat, was sein äußeres Erscheinungsbild betrifft. Zwar müssen Sie keine männliche Claudia Schiffer sein, aber seien Sie auf der Hut, denn:

Die schlechte Nachricht ist: Frauenaugen werden zu Mikroskopen, wenn es um Details wie Finger- und Fußnägel, Zähne, die richtigen Socken, Schuhe, Krawatten, Hosen und so weiter geht.

Die gute Nachricht ist: All diese Dinge kann man pflegen oder neu kaufen.

Eine weitere gute Nachricht ist: Trotz Ihrer Mikroskopaugen sind Frauen oft sehr tolerant, wenn ein Mann nicht dem gängigen Schönheitsideal entspricht. Sein Charme, sein Charisma oder sein Wissen steht oft an erster Stelle.

Die dazu passende schlechte Nachricht ist: Zuerst wird geschaut. Wenn die Dame wieder wegsieht, bevor Sie mit Ihrem Wissen, Charme oder Charisma zum Zuge kommen konnten, dann haben Sie leider verloren.

Kümmern Sie sich also stets um Ihre Maniküre, investieren Sie Geld in gute Schuhe und Socken, wählen Sie stets einen Duft, der gut ankommt, und gehen Sie außerdem regelmäßig zu einem guten Friseur. Das mag sich selbstverständlich anhören, ist es aber – laut der von mir befragten Frauen – für die meisten Männer (noch) nicht.

Stil

Mir ist aufgefallen, dass viele Männer sich nicht nur zu wenig um ihr eigenes Aussehen kümmern, sondern auch um das ihrer Geschlechtsgenossen. Besonders Frauen sind oft konsterniert, wenn sie einen Mann fragen, wie er denn einen anderen Mann optisch finde, sei es nun ein Hollywood-Star oder ein Politiker. «Das interessiert mich nicht», oder: «Ich kann nicht beurteilen, ob der gut aussieht, ich bin doch ein Mann», lautet die Antwort meist.

Nun frage ich Sie: Wieso sollte man keine Meinung zum Aussehen eines anderen Mannes haben, nur weil man selbst ein Mann ist? Das konsequente Ignorieren anderer Männer wirkt nicht nur stumpf, desinteressiert und homophob, es ist auch von Nachteil, wenn es um Ihr eigenes Aussehen geht.

Nehmen Sie sich ein Beispiel an unseren lieben Frauen. Die kennen kaum etwas Interessanteres als die äußerliche Erscheinung bekannter und stilbildender Frauen. Dieses Interesse betrifft nicht nur junge Mädchen, sondern zieht sich durch alle Klassen und Schichten. Kein Wunder also, dass Frauen sich zwar sehr oft die Frage stellen, was sie denn nun anziehen sollen, doch sehr, sehr selten keinerlei Vorstellung von dem Stil haben, der ihnen steht. Nicht jede Frau hat die besten Ideen, was die eigene Verpackung betrifft, doch auf eine Frau gänzlich ohne Ideen werden Sie äußerst selten treffen. Wahrscheinlich werden Sie sie übersehen, es sei denn, die Dame hat einen umwerfenden Körper, und Sie begegnen ihr in der Sauna.

Also: Augen auf, und zwar nicht nur, wenn es um Flirtopfer geht!

Diese Übung ist sehr einfach und kostet Sie kaum Anstrengung, sondern nur ein Umdenken und macht Spaß. Öffnen Sie die Augen, schärfen Sie Ihr Urteilsvermögen und schauen Sie sich die Männer in Ihrem Umfeld näher an – auch jene aus Presse, Film und Fernsehen. Achten Sie dabei vor allem auf die Reaktionen, die diese Männer bei Frauen hervorrufen. Vielleicht haben Sie einen Arbeitskollegen, der regelmäßig Komplimente seitens der weiblichen Belegschaft für seinen Kleidungsstil bekommt.

Wenn Sie nun sich selbst eingehender betrachten, kann es sehr gut sein, dass Sie genau das Gegenteil dieses Kollegen sind. Dann wird sein Stil, sich zu kleiden, schätzungsweise bei Ihnen nicht annähernd so wirken wie bei ihm. Das macht nichts, denn Sie müssen Ihren Stil erst noch herausfinden. Sehen Sie sich nach Männern Ihres Alters, Ihrer Figur und Ihres Typs um, prüfen Sie deren Stil und überlegen Sie sich, ob es bei Ihnen vielleicht an der Zeit für einen Stilwechsel ist.

All-Time-Classic in Jeans
Dezent, männlich, aber sportlich. Die Voraussetzung für einen engen schwarzen Rollkragenpullover und eine Jeans ist natürlich ein Körper, der halbwegs in Form ist.

Anzugträger
Ein Anzug muss weder konservativ noch eine Einheitskluft sein, sondern vor allem eines: gut – was leider häufig mit teuer einhergeht. Egal, es lohnt sich!

Guter Kombinierer
Immer wieder gelobt für ihren Kleidungsstil werden natürlich Modemacher selbst. Es wäre auch schlimm, wenn ausgerech-

net diese Herren nicht wüssten, was sie tragen sollen. Wolfgang Joop und Karl Lagerfeld sind beide Träger allerfeinster Hemden und Sakkos und kombinieren diese häufig mit Jeans. Wie wär's?

Exzentriker
Der Exzentriker trifft über seine Kleidung eine Aussage und fordert es nahezu heraus, dass man ihm hinterhersieht und seinen Stil thematisiert. Überhaupt nicht funktioniert dagegen ein exzentrischer Kleidungsstil, der nicht Ihrem Charakter entspricht. Nur wer sich wohlfühlt, wirkt authentisch.

Naturbursche
Um in Erdfarben oder mit Holzfällerhemden zu Jeans und wetterfestem, derbem Schuhwerk attraktiv zu wirken, ist eine gewisse Kernigkeit Voraussetzung. Durch Ihren Stil signalisieren Sie Ihrer Umwelt, dass Sie zupacken können. Das sollten Sie dann auch wirklich tun.

Draufgänger
Lederjacken und Cowboystiefel stehen nicht jedem Mann – je nach Typ wirken Sie darin männlich oder lächerlich. Wenn Sie der Typ «einsamer Wolf» sind und diese Aussage auch mit Ihrer Kleidung unterstreichen möchten, kann das sehr attraktiv wirken.

Was tut er?

Haben Sie nicht auch zuweilen schon Männer beneidet, die scheinbar von der gesamten Damenwelt geliebt werden? Von ihrer aktuellen Angebeteten ebenso wie von der Schwiegermutter, der Exfrau und der Stewardess, die sie nach dem besten Sitz fragen. Manche Frauen verweilen zwar nur einen kurzen Moment, aber sie alle versüßen dem Womanizer das Leben. Mitglied in diesem Club zu werden ist einfacher, als Sie vielleicht annehmen.

Nach ein paar Äußerlichkeiten befassen wir uns nun mit Ihrem Auftreten und der Art und Weise, wie Sie Ihren Mitmenschen begegnen.

Wenn es im Moment in Ihrem Leben keine feste Partnerin gibt, ist es umso wichtiger, dass Sie Ihre Außenwirkung auf andere Frauen testen. Für diejenigen unter uns, die sich als besonders brav oder treu darstellen wollen – was immer das auch heißen mag –, möchte ich noch anmerken, dass erfolgreich flirten nichts mit Betrug, Ehebruch oder gar Verrat zu tun hat. Ein Flirt ist wie ein Kompliment: Es geht um positive Signale, um den geschärften Blick für das Schöne und Gelungene im Leben und vor allem um die positiven Reaktionen für Sie.

Wenn Sie zu einem Mann der Frauen werden, werden Sie damit auch Ihr Leben verschönern. Unabhängig davon, ob Sie Single oder liiert sind.

Ein Frauentyp bemerkt alle Frauen

Es gibt immer wieder Männer, bei denen sich sehr viele sehr unterschiedliche Frauen darauf einigen können, dass sie anziehend, sympathisch und attraktiv sind. Was diese Männer vor allem auszeichnet, ist ihr äußerst zuvorkommendes Verhalten den Frauen gegenüber. Sie verteilen ihren Charme nicht nur an die wenigen Exemplare, die tatsächlich ihrem Beuteschema entsprechen, sondern sind höflich und liebenswürdig zu allen.

Das kostet nichts, das tut nicht weh und macht in der Regel auch noch Spaß. Natürlich wird es außerdem die Zahl Ihrer Anhängerinnen vergrößern und ist damit also auch taktisch klug. Seien Sie ruhig großzügig beim Verteilen von Komplimenten. Dazu zählen nicht nur direkte Schmeicheleien, die das Aussehen der Frauen betreffen, sondern auch andere verbale Aufmerksamkeiten.

Sagen Sie der Dame, die Ihnen eine Auskunft gibt, dass Sie gerade Ihren Tag gerettet hat. Seien Sie wachsam und bemerken Sie stets neue Frisuren und modische Veränderungen bei den Frauen um Sie herum. Denn bedenken Sie: Genau dafür machen sich die Damen die ganze Mühe – damit man sie auch bemerkt.

Wenn Sie ein Kollege sind, auf den sich die ältere Empfangsdame, die blutjunge Praktikantin und die sonst so harsche Mitarbeiterin aus der Personalabteilung einigen können, dann sind sie der George Clooney Ihres Arbeitsumfeldes. Der Mann, den Frauen aller Altersklassen und Aussehenskategorien mögen. Sollte unter all den weiblichen Kollegen irgendwann eine für Sie äußerst interessante Frau auftauchen, werden Sie von Ihrem guten Ruf bei den anderen profitieren. Beliebtheit ist ansteckend – das sehen Sie an jedem Menschen, der zum Massenphänomen geworden ist. Frei nach dem Motto «Wenn alle ihn so großartig finden, wird er schon etwas haben» sieht man bei extrem beliebten oder begehrten Menschen genauer hin.

Außerdem belebt Konkurrenz das Geschäft. Wenn Sie viel flirten, wird die Frau, der Sie schließlich Ihre volle Aufmerksamkeit widmen, das Gefühl haben, sie hätte sich gegen eine große Konkurrenz durchgesetzt.

Vorsicht! **Seien Sie kein angespannter Schürzenjäger. Charmant zu allen Frauen sein, ist eine gute Taktik. Sie sollten sie aber so geschickt anwenden, dass Sie nicht in den Verdacht geraten, ein Mann zu sein, der wahllos baggert. Mit Ihren Komplimenten und Aufmerksamkeiten bekunden Sie nicht zwangsläufig ein Interesse an jeder Frau oder möchten Sie gar verführen. Den meisten zeigen Sie nur, dass Sie sie positiv wahrnehmen und wertschätzen.**

Lockerheit im Alltag

Wie schon erwähnt, ist es ein Fehler, nur zu bestimmten Zeiten oder an bestimmten Orten locker und nett mit seinen Mitmenschen umzugehen. Gerade in typischen Alltagssituationen ergeben sich die besten Möglichkeiten, um in Kontakt zu treten. Denken Sie nur mal an den morgendlichen Stau: «Hey, wir wären fast alle lieber noch im Bett als hier an der roten Ampel.»

Große Menschenansammlungen gibt es nicht nur auf Partys, sondern auch in vollen Geschäften, im Straßenverkehr oder auf Ämtern. Da es dort häufig nicht gerade glamourös und beschwingt zugeht, haben Sie umso mehr die Chance aufzufallen. Zum Beispiel indem Sie einen Witz über die Langsamkeit des Fahrstuhls machen oder einem Leidensgenossen an der S-Bahnhaltestelle zunicken und solidarisch die Augen verdrehen. Bleiben Sie Gentleman, wenn es um Wartezeiten und den Vortritt an längeren Schlangen geht. Lassen Sie Damen jedes Semesters den Vortritt, die eine Minute verändert Ihren Zeitplan fast nie zum Negativen, wirkt sich aber positiv auf die zwischenmenschliche Atmosphäre aus. Letztlich kann Ihnen das auch das Leben erleichtern: Ein kleiner Scherz mit der Dame vom Finanzamt, der Politesse oder der Angestellten der Telefongesellschaft wirkt manchmal Wunder. Probieren Sie es einfach mal aus!

Sunnyboy werden

Oft hört man Menschen nach den Ferien berichten, wie ausgesprochen nett und herzlich die Einheimischen an ihrem Urlaubsort waren. Ich möchte hier nicht die Gastfreundschaft und Höflichkeit der Bewohner von Urlaubsparadiesen anzweifeln, aber es ist nicht von der Hand zu weisen, dass man im Urlaub so viele nette Begegnungen hat, weil man selbst netter und entspannter ist. Wenn Sie als Reisender neugierig und aufgeschlossen auf Ihre Mitmenschen zugehen, bleibt das fast nie ohne positive Resonanz.

Wenden Sie diese «Urlaubstechnik» ruhig mal zu Hause an. Tun Sie so, als würden Sie Ihren Wohnort zum ersten Mal sehen (obwohl er anders aussieht als die Seychellen und es gerade regnet). Blicken Sie den Menschen interessiert in die Augen, lächeln Sie, und Sie werden sehen, dass die Zahl derer, die Ihr Lächeln erwidern, höher ist als angenommen.

Wichtig ist, dass Sie sich dabei nicht um Ihr Beuteschema kümmern, sondern generell gut gelaunt und dadurch automatisch einnehmend wirken. Damit machen Sie sich zum Exoten – zu dem, was viele Einheimische hier so vermissen, anstatt selbst die Initiative zu ergreifen. Nutzen Sie die Tatsache, dass Sie sich in einem Land befinden, in dem sich die Bevölkerung selbst für eher unsympathisch hält.

Mit dieser Herangehensweise spielen Sie Ihrer Umwelt nichts vor, sondern stechen Ihre Konkurrenz einfach aus, indem Sie sich anders, ja positiver verhalten. Das Beste dabei ist: Sie müssen dazu weder lateinamerikanisch tanzen noch einen strandtauglichen Körper haben – Sie freuen sich nur bewusst Ihres Lebens, und Ihre Mitmenschen werden darauf einsteigen. So entsteht ein Kreislauf: Sie lächeln – Sie ernten dafür positives Feedback – das trägt zu Ihrer guten Laune bei – Sie haben insgesamt eine bessere Ausstrahlung. Das garantiere ich Ihnen!

Vorsicht! **Gute Laune steckt an. In einigen Fällen tut sie das jedoch nicht, und dann spricht man von «penetrant guter Laune». Wenn eher ernste oder verbissene Stimmung angesagt ist, etwa bei Termindruck oder sehr früh am Morgen, zu einer sogenannten «unchristlichen Zeit», kann zu gute Laune auch schnell als aufdringlich empfunden werden. Oder, um es mit Judy Garland zu sagen: «Uneingeschränkte Lebensfreude ist das beste Rezept, anderen auf die Nerven zu gehen.»**

Großzügigkeit als Lebensmotto

Ein Frauentyp ist immer großzügig. Es geht nicht darum, dass Sie jede Frau, die Ihnen gefällt, mit Geschenken überhäufen müssen. Aber es ist sehr wichtig, dass Sie geben können und es auch gern tun. Geizigen Menschen unterstellt man, dass sie mit Gefühlen geizen, und das oft völlig zu Recht. Knauserigkeit fällt zudem viel schneller auf als andere schlechte Eigenschaften, wird selten vergessen und meist erneut thematisiert.

Viele Menschen stören sich auch an Unpünktlichkeit. Wenn Sie sich verspäten, haben Sie jedoch die Chance, die Wartende zu besänftigen, indem Sie sich entschuldigen und etwas einfallen lassen, um den Fehler wieder auszubügeln.

Geiz hingegen lässt Sie sehr schnell als uncharmanter Stoffel dastehen. Hinzu kommt die einleuchtende Tatsache, dass wir vor allem die Menschen mögen, mit denen wir eine gute Zeit verbringen. Eine Frau, die mit Ihnen weiter durch die Kälte spazieren muss, nur weil Sie es vermeiden wollen, sie zu einem Kaffee einzuladen, wird die Zeit mit Ihnen eher unter «Anstrengung» als unter «Vergnügen» verbuchen.

Als großzügiger Mann strahlen Sie dagegen aus, dass Sie das Leben lieben und zu leben verstehen. Da Frauen sehr gute Beobachterinnen sind, wird es Ihnen auch Minuspunkte einbringen, wenn Sie zwar die Rechnung übernehmen, aber kein Trinkgeld geben.

Psychologisch senden Sie mit Großzügigkeit ein positives Signal, denn Sie sagen aus, dass andere Ihnen wichtig und wertvoll sind und dass Ihnen ihr Wohlergehen am Herzen liegt. Und das ist jetzt nicht nur im materiellen Sinne gemeint. Dass Sie ein großzügiger und gebensfähiger Mann sind, können Sie auch ohne größere Geldbeträge beweisen. Verteilen

Sie also großzügig Ihren Charme, Ihre Toleranz und Ihre Aufmerksamkeiten:

Wenn Sie mit dem Wagen unterwegs sind, lassen Sie Ihre Begleitung immer an dem für sie komfortabelsten Ort aussteigen, falls Sie einen Parkplatz suchen müssen.

Fragen Sie im Restaurant, ob Sie eine Flasche Wasser für alle bestellen sollen, bevor man sich der Karte widmet. Sie zeigen damit, dass Sie fürsorglich denken, und sprechen gleichzeitig eine Einladung aus.

Kümmern Sie sich auf Veranstaltungen stets um das Wegbringen und Abholen der Garderobe.

Vorsicht: **Ihre Großzügigkeit darf niemals aufdringlich wirken. Auch wenn es Ihnen sehr gut geht, muss es nicht gleich eine Flasche Champagner für jede Frau sein, die den Raum betritt, und auch nicht jede Runde muss auf Sie gehen. Wie so oft im Leben meistern Sie hier eine Gratwanderung: Sie geben gerne, aber Sie sind kein dickes, einsames Kind, das sich die Zuneigung seiner Kameraden erkaufen muss.**

Im Freundes- und Bekanntenkreis

Egal ob Sie gerade auf Solopfaden wandeln oder in festen Händen sind – es werden sich immer auch Frauen in Ihrem Umfeld befinden. Als Mann der Frauen werden Sie sich auf einer Party nicht über Kosmetik unterhalten, während Ihre männlichen Freunde sich Themen wie Fußball, Wirtschaft oder Heimwerken widmen. Aber Sie werden die Damen fragen, ob sie noch ausreichend mit Getränken versorgt sind. Wenn sich die Veranstaltung dem Ende zuneigt, werden Sie interessiert fragen, wie die Damen ohne männliche Begleitung nach Hause kommen.

Wann und wo auch immer Sie eingeladen sind, Sie unterstützen die Gastgeberin. Sie müssen nicht die Spülmaschine aus- und einräumen, wenn Sie sich lieber mit alten Freunden unterhalten. Aber Sie werden der Dame des Hauses Komplimente für ihr Essen, ihr Aussehen und ihre Gastfreundschaft machen und sich mit kleinen Handgriffen nützlich machen, die Sie nicht von der Party ablenken oder gar am Flirten hindern. Indem Sie eine neue Flasche Wein aus dem Kühlschrank holen, sich um Eiswürfel kümmern oder aufmerksam nachschenken, machen Sie sich beliebt und kommen mit allen Gästen ins Gespräch.

Was kann er?

Denken Sie niemals, dass Stil etwas Antiquiertes sei. Altbacken erscheint er nur, wenn Sie verkrampft Szenen aus alten Schwarzweißfilmen nachspielen, dabei «Gnä' Frau» schnarren und das R rollen, was meist völlig überflüssig ist.

Ein Mann, der bei Frauen gut ankommt, muss weder reich noch mächtig, noch besonders gut aussehend sein. Obwohl ich nicht abstreiten will, dass diese Attribute (auch einzeln) durchaus hilfreich sind. Doch bleiben wir dabei, dass man Sie mag und Sie sich mit einer so positiven Ausstrahlung durchs Leben bewegen, dass Ihnen die Herzen nur so zufliegen. Zum einnehmenden, anziehenden Mann können Sie sich ganz einfach selbst machen. Lesen Sie weiter und stellen Sie fest, dass Sie all diese Dinge bereits haben und wussten.

Einfache Dinge, die jeder Frauentyp kann

Anerkennend schauen

Es wäre dumm, so zu tun, als würden Sie schöne Frauen nicht bemerken. Ein anerkennender Blick gehört zu den erotischsten Komplimenten, die Sie einer Frau schenken können. Dafür müssen Sie nicht einmal einen flotten Spruch auf den Lippen haben. Wird Ihr Blick bemerkt, schicken Sie sofort ein Lächeln hinterher. Ihr Lächeln wird garantiert erwidert werden und ist das eindeutige Indiz, dass Sie kein Gaffer sind.

Blumen schenken

Blumen verlieren nie ihren Stellenwert bei Frauen. Als Mann, der Blumen schenkt, können Sie Aufmerksamkeit, Stil und Großzügigkeit beweisen, ohne eine komplizierte Strategie zu verfolgen. Die Bedeutung von Blumen und Sträußen erfahren Sie am besten im Flirtgespräch mit einer bezaubernden Blumenverkäuferin. Die einfachste Regel ist Ihnen aber hoffentlich bekannt: Rote Rosen bekommt nur die Dame, der Ihr Herz gehört.

Cash haben

Neudeutsch für Bargeld. Sie brauchen es natürlich für Ihren eigenen Komfort, aber auch, wenn Sie in Flirtkategorien denken. So können Sie Frauen aus Notsituationen befreien, indem Sie ihnen am Parkschein-, Fahrschein- oder Zigarettenautomaten Geld wechseln. Sie können Frauen einen Drink spendieren, eine Rose im Restaurant kaufen oder Straßenmusikanten Geld geben – und sei es nur, damit sie endlich weiterziehen. Durch all diese Gesten können Sie zeigen, dass Sie ein großes Herz haben.

Dreist sein

Frech kommt weiter, lautete vor langer Zeit ein Werbeslogan, der zum geflügelten Wort wurde. Wenn Sie es schaffen, Ihre Frechheiten und Dreistigkeiten mit einer ordentlichen Portion Charme rüberzubringen, wird man auf Sie aufmerksam werden und sich an Sie erinnern. Sie verstehen, was ich meine?

Ein frecher Charmeur entschuldigt sich, bevor er frech

wird, und oft auch danach noch einmal. Zum Beispiel wenn er eine fremde Frau berührt. «Entschuldigen Sie, darf ich?» zupft er ihr ein Insekt von der Bluse und fragt sie anschließend, ob es wehgetan hat.

Auch wenn Sie dreist und spontan alle Möglichkeiten nutzen, die sich für einen Flirt anbieten, versüßen Sie sich das Leben. Trauen Sie sich ruhig ran und drängeln Sie sich vor!

Höflich sein

Ein Mann der Frauen ist niemals ein Stoffel, ein Rüpel, ein Flegel oder ein Grobian. Unkultiviertes Verhalten ist nicht originell und auch nicht revolutionär. Höflichkeit erfordert kein besonderes Talent, sondern ist schlicht ein angenehmes und zuvorkommendes Verhalten, das nicht nur zu Ihrer Beliebtheit beiträgt, sondern Ihnen an vielen Stellen das Leben erleichtert und Ihnen die Herzen zufliegen lässt. Auch wenn es altmodisch klingen mag: Tür aufhalten, Feuer geben, in den Mantel helfen – das wirkt immer.

Interessiert sein

Es mag sich kitschig anhören, aber gehen Sie mit offenen Augen durch die Welt. Entdecken Sie ständig Dinge und Menschen (besonders Frauen), die Ihnen gefallen. Dieser sehr wache Zustand zeichnet Jäger, Entdecker, Comedians, Geistesgrößen und natürlich Womanizer aus. Wenn Sie nur vor sich hintrotten, verpassen Sie vieles und vor allem viele tolle Frauen.

Komplimente machen und annehmen

Nirgendwo wird Ihnen so viel über die Magie des Kompliments erzählt wie in der Flirtliteratur. Sie wissen sicher, wovon ich rede, und Sie kennen den Stellenwert, den Komplimente bei der Eroberung von Frauen einnehmen. Sie brauchen kein Geld und auch keine Zeit zu investieren. Schulen Sie sich einfach selbst darin, Komplimente in Ihr Kommunikationsrepertoire aufzunehmen. Wenn Sie dann feststellen, wie oft auch Sie im Gegenzug mit Lob oder Komplimenten bedacht werden, wird es Ihnen im Nu in Fleisch und Blut übergehen.

Liebe empfinden, nehmen und geben

Ein Mann der Frauen weiß, was Liebe ist. Männer, die dem großen Thema Frau mit Abgeklärtheit oder Verbitterung begegnen, kommen auf keinen grünen Zweig. Wer Verliebtheit zulassen kann, ist liebens- und begehrenswerter als ein Mensch, der sich diesem Gefühl verschließt. Die Liebe zur Liebe beweist außerdem Stärke und Mut. Denn der Liebende geht Risiken ein und setzt sich großen Gefahren aus. All das macht ihn zum Helden. Und Frauen wollen Helden!

Mann sein

Bei aller Emanzipation: Hören Sie niemals auf, ein Mann zu sein. Das ist die Grundvoraussetzung für ein Leben als Mann der Frauen. Ich meine damit jetzt nicht ein besonders männliches Aussehen oder gar die Ausstrahlung des Marlboro-Mannes. Ich meine, dass es immer so bleiben sollte, dass Sie Frauen und Kindern den Vortritt lassen, dass Sie Frauen körperlich anstrengende Tätigkeiten abnehmen, alten Damen Ihren Sitzplatz anbieten und die Funktion des Retters einnehmen, sobald es nötig ist. Ich kann Ihnen gar nicht oft genug raten, ein Gentleman zu bleiben oder zu werden.

Niederlagen akzeptieren
Niederlagen beim anderen Geschlecht steckt jeder von uns ein – große Stars genauso wie kleine Leute. Da wir sie nicht vermeiden können, ist entscheidend, wie wir damit umgehen. Ratsam ist, sie als Lektionen zu sehen, wieder aufzustehen und weiterzukämpfen. Andernfalls müssten wir zu Einsiedlern werden, was wir jedoch den armen Frauen nicht antun können.

Romantisch sein
Vielleicht müssen Sie den Romantiker in sich erst noch suchen, aber Sie werden ganz sicher fündig. Romantik, die Ihnen nicht von anderen – zum Beispiel von Hollywood-Regisseuren – vorgegeben wird, macht Sie individuell und interessant. Lassen Sie sie zu und denken Sie niemals nur an bekannte Klischees. Wenn Sie statt Sonnenuntergängen in der Karibik graue Tage in Osnabrück romantisch finden, dann ist genau das romantisch. Und wenn Sie emotionaler auf Punkrock als auf Schlafzimmer-Soul reagieren, dann beschreibt das ebenfalls Ihren ureigenen Sinn für Romantik.

Weltgewandt sein
Ein Mann von Welt muss nicht mehrmals um den Globus gereist sein, er weiß aber viele Dinge und teilt sie gern. Ob es sich um Filme, Weine, Politik oder Fremdsprachen handelt, der bewanderte Mann pflegt sein Wissen, frischt es auf und erweitert es ständig. Schließlich weiß er, dass ein begehrter Mann immer auch ein unterhaltsamer und vielseitiger Mann ist.

Der Date-Spezialist

Akquise – leichte Wege zum Date

Wenn Sie bereits mit einer Frau flirten, stehen Ihre Chancen gut, dass sie sich auch mit Ihnen verabredet. Ganz simpel ausgedrückt müssen Sie sie nur fragen.

Nutzen Sie dazu wie immer Ihren Einfallsreichtum und haben Sie keine Angst vor einem Korb. Mit der richtigen Fragestellung wird ein Nein außerdem immer seltener und unwahrscheinlicher und in einigen Fällen sogar unmöglich. Lassen Sie die Falle zuschnappen!

Erst ein guter Vorschlag, dann die Nummer

Ein guter Flirter hat immer einen Vorschlag für ein nächstes Mal, denn sein Leben ist bunt und aufregend. Ideen wie Konzerte, Ausstellungen, Theaterstücke und so weiter liegen nahe, beweisen zudem, dass Sie aktiv und kulturell interessiert sind, und sind noch dazu unverfänglich. Denn wenn Sie oft Veranstaltungen besuchen, werden Sie das mit oder ohne die Dame tun und ein Nein verschmerzen können. Falls die Absage nichts mit Ihnen, sondern mit dem Event zu tun hat, lassen Sie sich sofort einen Gegenvorschlag von der Dame machen.

Um sich dann ordentlich zu verabreden, tauschen Sie automatisch die Telefonnummern aus. Das ist charmanter und natürlicher als der umgekehrte Weg. Sie haben schon einen Grund für den nächsten Kontakt und sitzen nicht ratlos mit der Telefonnummer einer Frau zu Hause herum.

Die Einladung

Welche Frau wird nicht gerne eingeladen? Sie möchten ihr etwas Schönes zeigen – zum Beispiel ein neueröffnetes, sehr gutes Restaurant – und sie ausführen. Ein Klassiker, bei dem die Schöne weder eine Verpflichtung eingeht noch in irgendeiner Form etwas zu verlieren hat.

Die Einladung zum Essen funktioniert so gut wie immer – auch bei Frauen, die Sie seit langem im Auge haben (zum Beispiel bei der Arbeit). Sie müssen ihr natürlich schon etwas bieten: «Lass uns doch mal einen Kaffee trinken gehen» ist zwar ein Standardsatz, aber wenig aufregend und speziell. Die Frau erfährt dadurch nur, dass Sie sich mit ihr treffen wollen. Wenn sie noch nicht so weit ist, dass sie sich unbedingt mit Ihnen allein treffen will, ist der gemeinsame Kaffee nicht verlockend und glamourös genug, sondern könnte etwas beliebig und unbeholfen auf die Dame wirken.

Mitschleppen

Fragen Sie die Schöne ganz unverblümt, ob sie mit Ihnen geht. Dafür müssen Sie sie natürlich in irgendeiner Form locken, also eine attraktive Idee aus dem Ärmel schütteln. Wenn Sie selbst in nächster Zeit irgendwo eingeladen sind und noch eine weibliche Begleitung brauchen, bietet sich das natürlich an. Die Damen lieben es, Ihnen auf diesem Weg aus der Patsche zu helfen und sich dabei auch noch zu amüsieren. Partys, Empfänge, Hochzeiten, vielversprechende Geburtstagsfeiern – all diese Events bieten sich an, um Ihre neue Bekanntschaft einfach mitzuschleppen.

Einklinken

Sich keck in die Pläne der Frau einzuklinken, muss nicht so frech rüberkommen, wie es sich anhört. Achten Sie im Gespräch darauf, was sie so vorhat, und fragen Sie unverblümt, wie Sie es fände, wenn Sie mitkämen. Natürlich geraten Sie auf diese Weise durchaus leichter in Gruppenaktivitäten, als wenn Sie sich gezielt allein verabreden.

Wenn Sie wirklich alle Register ziehen wollen, fassen Sie blitzschnell selbst einen Plan, der sich mit dem Ihrer Flirtpartnerin kreuzt. Sie muss nächste Woche nach Hamburg? Was für ein Zufall: Sie auch! Dort könnte man sich doch treffen und eine schöne Zeit haben – nachdem die wichtigen Termine erledigt sind, natürlich!

Gleicher Ort, gleiche Zeit

Wenn Ihr Flirtobjekt Ihnen an einem Ort begegnet, an dem Sie beide häufiger sind, brauchen Sie keinen Plan, sondern können sie einfach fragen, wann sie wieder mal da ist. So ist der Treffpunkt schon geklärt, und was danach passiert, planen

Sie als Überraschung. Romantisch ist die Taktik, sich genau eine Woche später zur gleichen Zeit am gleichen Ort zu verabreden. Die dazwischenliegende Woche bietet beiden viel Raum für Vorfreude und Phantasie. Außerdem hat diese Taktik den Vorteil, dass Sie sich bei Nichterscheinen der Dame nicht versetzt fühlen, da Sie den Ort sowieso regelmäßig aufsuchen.

Hilfe anbieten

Einige Männer präsentieren sich am Anfang gerne als Helfer in der Not, um einen Fuß in die Tür zu bekommen. Das ist Typfrage. Einer Frau beim Kennenlernen anzubieten, demnächst ihr Parkett zu verlegen, ihre Wohnung zu streichen, ihr die Winterreifen in den Keller zu tragen oder ihren Hund zu betreuen, beweist auf alle Fälle, dass Sie ein Mann der Tat sind.

Allerdings sollten Ihre Hilfsangebote von Herzen kommen und Ihnen leicht von der Hand gehen, denn Sie spielen damit der Frau nicht zwangsläufig den Ball zu. Es gibt Damen, die Ihre Hilfe sehr gern annehmen werden, ohne auch nur ansatzweise das Gefühl zu haben, sich bei Ihnen dafür revanchieren zu müssen – weder mit einer Einladung noch mit irgendwelchen Zuwendungen. Schlimmstenfalls werden Sie gelobt und fühlen sich trotzdem wie der letzte Idiot, wenn Sie erfahren, dass der Freund oder Mann der Auserwählten leider nicht helfen kann.

Davon bleiben Sie verschont, wenn Sie sich gezielt romantisch verabreden. Ein Treffen zu zweit ist eindeutig und sagt aus, dass Sie mehr sein wollen als ein netter Kumpel oder kostenloser Handwerker.

Ein späterer Termin

Wenn Sie auf Zeit spielen wollen, tauschen Sie die Telefonnummern mit dem Satz «Ich melde mich bei dir, wenn ich wieder in der Stadt bin». Machen Sie dabei aber klar, dass Sie ernsthaft an einer Verabredung interessiert sind. Vielleicht ist es auch noch eine Weile hin, bis die anvisierte Veranstaltung stattfindet. Sorgen Sie dann dafür, dass das Feuer nicht erlischt, sondern entfachen Sie es immer wieder, indem Sie sich zwischendurch melden. Wenn Ihr künftiges Date antwortet (viele Frauen lieben die SMS), können Sie mit Worten eine riesige Spannung und Vorfreude entfachen.

Ein gelungener Start – so brechen Sie das Eis

Sofort herzlich sein

Schließen Sie die Dame sofort in die Arme und benehmen Sie sich so herzlich, als würden Sie sie länger kennen und sehr lieb haben. So überlisten Sie auch Ihre eigene anfängliche Unsicherheit. Ein guter Eisbrecher ist auch die Begrüßungssitte des Wangenküsschens, selbst wenn Sie Fremden sonst eher die Hand schütteln. Diese beiden kleinen Bussis verscheuchen ebenfalls anfängliche Unsicherheiten. Einerseits bedeuten Sie einen sofortigen Körperkontakt, andererseits sind sie unverfänglich, da man sie ja als allgemeine Begrüßungsgeste versteht.

Freude offen zeigen

Strahlen Sie die Dame an, zeigen Sie ihr, dass Sie sich freuen, sie zu sehen, und sagen Sie ihr das ruhig auch. Sollte jemals eine Eiskruste existiert haben, wird sie jetzt schmelzen. Ich weiß, dass schüchterne Menschen es nicht leicht haben, bei einer ersten Begegnung sofort aus sich herauszugehen, aber sollten Sie zu den anfangs eher steifen Männern gehören, machen Sie es sich möglichst leicht. Spielen Sie wenigstens kurz den Extrovertierten, denn ein guter Anfang ist die halbe Miete. Wenn Sie nämlich die nächste halbe Stunde mit Räuspern, Hüsteln und stotternden Fragen verbringen, überlassen Sie den Part des Eisbrechers der Frau allein. Fühlt sie sich in dieser Rolle nicht wohl, dann beginnt Ihr Date verkrampft. Und das wäre sehr schade.

Sie kommt zu spät

Sie warten nicht auf Ihre langjährige Freundin, sondern einen heißen Neuzugang. Deshalb werden Sie nicht sauer, sondern zeigen sich von der lässigen Seite – indem Sie Zeitung lesen, Telefonate führen oder sich irgendwie anderweitig beschäftigen, während Madame auf sich warten lässt. Rufen Sie sie allerfrühestens nach einer Viertelstunde an und sehen Sie nicht genervt auf die Uhr, wenn sie eintrifft. Warten Sie ihre Geschichte oder Entschuldigung ab und lassen Sie sie gelten. Tut die Dame dagegen so, als wäre nichts, wissen Sie Bescheid: Sie sind mit einer notorischen Zuspätkommerin verabredet. Grinsen Sie in sich hinein, denn es gibt wahrlich Schlimmeres.

Sie kommen zu spät

Rufen Sie sie auf dem Handy an und entschuldigen Sie sich möglichst schon kurz vorher. Tun Sie verzweifelt und zeigen Sie, dass Sie wirklich alles tun, um zu ihr zu gelangen. Lassen Sie jedoch nicht Ihren Ärger über die Verspätung (der Stau, die Kollegen, der Anruf) an der Dame aus, sondern fordern Sie sie auf, sich das Warten auf Sie so komfortabel wie möglich zu gestalten. Ein Satz wie «Bestell schon mal die ganze Karte rauf und runter, ich komme gleich bezahlen» wird Ihnen Vorschusslorbeeren einbringen.

Das gesamte Verspätungsszenario hat den Vorteil, dass Sie beide schon ein kleines Problem hinter sich gebracht haben, bevor das Date richtig losgeht. Auch so kann man das Eis brechen.

Zerreden Sie das Eis

Nutzen Sie die Begrüßung für eine sofortige Charme-Offensive. Zu keinem Zeitpunkt haben Sie es so leicht, der Dame wirklich gute Komplimente zu machen. Sie kommt an und sieht blendend aus, oder Sie begrüßen sich, und Sie stellen fest, dass sie gut riecht.

Belassen Sie es niemals bei einem «Hallo» und warten dann ab, was sie sagt. Fragen Sie stets auch, wie ihr Weg zum verabredeten Ort war und wie es ihr geht. Stellen Sie sich vor, Sie würden einen geliebten Menschen vom Flughafen abholen. Verstecken Sie sich nicht hinter der Aussage, Sie wären einfach schüchtern. Auch extrovertiert wirkende Menschen überwinden sich oft, um den ersten Schritt zu tun. Ein kommunikativer Einstieg ist also nicht per se eine Frage Ihres Charakters, sondern vielmehr eine Frage Ihrer Höflichkeit.

Erste Gesten

Wenn Sie zusammen irgendwo hingehen, bieten Sie der Dame Ihren Ellenbogen an. Sie werden feststellen, dass diese Geste bei Frauen sehr gut ankommt und die meisten sich sofort erfreut unterhaken. Nur Mut – probieren Sie es aus.

In einem Café oder einer Bar stehen Sie natürlich auf, wenn Sie vor Ihrer Verabredung angekommen sind, und nehmen ihr Jacke oder Mantel ab.

Präsentation – so macht es Mr. Perfect

Die Frauen sind so unberechenbar, dass man sich nicht einmal auf das Gegenteil dessen verlassen kann, was sie sagen.
                                               Sir Peter Ustinov

Sie wissen, dass der Umgang mit Frauen eine ständige Gratwanderung ist, einige Männer sprechen sogar von Minenfeld. Sie können es auch «Drahtseilakt» oder «komplizierte Operation» nennen, aber bevor Sie wissen, wie Ihre neue Bekanntschaft tickt (und schon sind wir wieder beim Vokabular eines Sondereinsatzkommandos, das behutsam Bomben entschärfen muss), sollten Sie nicht übertreiben. Das bekommen Sie sicher hin. Jetzt aber wartet Aufgabe Nummer zwei auf Sie: Untertreiben Sie auch nicht.

Bildhaft formuliert, balancieren Sie sehr geschickt zwei Kugeln, denn in der ersten Phase des Kennenlernens steht und fällt alles mit dem entscheidenden Quäntchen zu viel oder zu wenig.

Wirklich interessierte Männer überspielen Nervosität oft, indem sie alles übertreiben: Sie reden zu viel und zu laut, sie trinken zu viel und zu schnell, ja sie sind sogar zu witzig. Kann man das überhaupt sein?, denken Sie jetzt vielleicht. Lesen Sie Frauenzeitschriften und Frauenbücher, und Sie werden herausfinden: Ja. Frauen besitzen die Gabe, ALLES zu viel oder zu wenig finden zu können. Es tut mir fürchterlich leid, aber die Wahrheit ist, dass Sie einer Frau auch zu gut gelaunt, zu attraktiv und zu verständnisvoll sein können. Das ist umgekehrt kaum möglich, oder?

Auf der anderen Seite können Sie jedoch auch zu wenig herrisch, zu wenig frech oder zu wenig anstrengend sein. Lesen Sie ein paar der folgenden Beispiele und verstehen Sie, dass Sie zwar aufmerksam sein müssen, aber kein Genie oder Hellseher, um den Damen am Ende geschickt alles recht zu machen.

Sich gut verkaufen, ohne anzugeben

Viele Angeber stehlen den Zurückhaltenden die Show. Schließlich wird ja auch in der Tierwelt gebalzt und geworben, was das Zeug hält. Ein Flirt ist eigentlich nichts anderes als ein Balzritual – aber Sie müssen nicht ein Rad schlagen wie ein Pfau, sondern können Ihren Auftritt viel spezieller gestalten.

Selbstironie als unschlagbare Waffe

Hier ein sehr einfacher und wirkungsvoller Trick:

Wenn Sie angeben, erwähnen Sie einfach, dass Sie angeben. Sagen Sie zum Beispiel: «Jetzt muss ich leider mal kurz angeben, aber ich kann wirklich phantastisch kochen/Auto fahren/Wände spachteln.» Oder beginnen Sie Ihr Selbstlob mit der augenzwinkernden Einführung: «Ich habe mir sagen lassen, ich koche die weltbesten Spaghetti bolognese.»

Das beweist: Sie wissen, dass Sie gut sind, aber Sie nehmen sich selbst nicht allzu ernst. So machen Sie sich auf keinen Fall lächerlich, wenn Sie sich selbst in den höchsten Tönen loben – was Sie übrigens unbedingt tun sollten.

Vorsicht: Loben Sie sich selbst nicht vorab als Liebhaber. So geraten Sie womöglich unter einen Erwartungsdruck, dem Sie niemals standhalten können, und machen sich zum Gespött. Außerdem sollte Ihre Begleiterin ihre Phantasie bemühen, wenn es um Ihre erotischen Qualitäten geht.

Den eitlen Gockel zurückhalten

Fordern Sie niemals eine frische Bekanntschaft auf, Sie zu bestätigen oder zu loben. Das sollte die Dame stets freiwillig tun. Ihre Fragen sollten daher nie in Richtung «Wie findest du mich?» gehen. Das zeugt von Unsicherheit oder macht Sie lächerlich. Auch kennen Sie wahrscheinlich das Klischee vom Mann, der den Schlüssel seines teuren Sportwagens auf den Tresen legt und ungefragt Champagner für fremde Frauen bestellt. Vielleicht schiebt er auch noch auffällig seinen Ärmel nach oben, um seine exklusive Uhr zu präsentieren. Diesen Prototypen kennt mittlerweile selbst die naivste Frau – und lacht darüber.

Tipp 1: Sie wirken viel einnehmender, wenn Sie betonen, dass Sie auf etwas stolz sind und sehr glücklich darüber. Zu sagen: «Ich habe mir endlich meine Traumuhr gekauft» stößt bei Ihrem Gegenüber eher auf Interesse und wird nicht als Angeberei aufgefasst. Die meisten Frauen kennen das Glücksgefühl, das eine neue Anschaffung auslöst, nämlich sehr gut.

Tipp 2: Auch wenn Sie sich selbst für attraktiv halten, sagen Sie es bitte nicht direkt. Die Frau möchte attraktiv gefunden werden (immer!) und nicht mit einem Mann unterwegs sein, der sie kaum beachtet, dafür aber in sein eigenes Spiegelbild verliebt ist. Charmanter ist es, wenn Sie von Ihnen beiden als «attraktives Paar» sprechen. Zum Beispiel wenn Sie spazieren gehen und sich in einer Scheibe spiegeln: «Sieh mal, die beiden sehen doch phantastisch aus?», oder: «Ich finde, du stehst mir ganz ausgezeichnet.» Sie beziehen sich so quasi in ein Kompliment an Ihre Begleitung ein.

Das Alphamännchen und dennoch sympathisch sein

Das Alphamännchen ist wieder ein Begriff aus der Tierwelt. Es steht für den Anführer, der oft allein aufgrund seiner Kraft bei den Weibchen so gut ankommt, dass er für die Nachkommenschaft sorgt. Eigentlich ein sehr positiver Typ, aber ich gehe jetzt mal davon aus, dass Sie die Frau, mit der Sie unterwegs sind, nicht unbedingt als Zuchtstute sehen. Seien Sie also auch mit dem Alphamännchenverhalten etwas vorsichtiger, denn Frauen reagieren sehr sensibel darauf, wenn Männer sich ins rechte Licht rücken wollen und dabei krampfhaft versuchen, die Konkurrenz auszustechen.

> Vorsicht: **Machen Sie Ihre Geschlechtsgenossen nicht schlecht. Sie sind nicht der einzige Mann auf der Welt, und das wird auch Ihre Begleiterin wissen. Außerdem wirkt die Beleidigung anderer Männer so, als hätten Sie ein Problem und es nötig, der Dame klarzumachen, dass sie – abgesehen von Ihnen – nur von Weicheiern und Versagern umgeben ist.**

Doch was, wenn Sie es gewohnt sind, überall der Chef zu sein, und am liebsten den schlechten Service zurechtweisen möchten? Vielleicht haben Sie ja sogar recht damit, aber es kann sein, dass Ihre Begleiterin früher selbst Kellnerin war oder (wie sehr viele Frauen) einfach nur ein soziales Wesen ist. Wirken Sie nie hartherzig und stehen Sie niemals als Choleriker da. Machen Sie eher eine zynische Bemerkung und testen Sie, ob Ihrer Flirtpartnerin der Service ebenfalls nicht passt. Dann tun Sie ihr vielleicht sogar einen Gefallen, indem Sie die Zügel in die Hand nehmen und sich für Sie beide beschweren. Tragen Sie jede Kritik sachlich, höflich, am besten sogar augenzwinkernd und weltmännisch vor. Wenn Sie nur meckern, erwecken Sie den Verdacht, immer so zu sein: ein Mann, der Nachbarn anzeigt, Streit mit Kollegen hat und natürlich auch an seiner Partnerin ständig rumnörgelt.

Tipp: Zeigen Sie Ihrer Begleiterin, wie schön es ist, mit einem Alphamännchen wie Ihnen unterwegs zu sein. Sie organisieren alles mit Leichtigkeit und sind in der Lage, ihr jeden Wunsch liebend gern zu erfüllen. Hierbei können Sie ruhig dick auftragen und charmante Lügen einbauen: «Wenn ich morgen nicht so viel zu tun hätte, würde ich jetzt sofort mit dir nach XY fliegen», oder: «Wenn der Laden nicht zuhätte, würde ich dir die komplette Schaufensterauslage (alles Dessous) kaufen.»

Niemals zu dünn auftragen

Stellen Sie Ihr Licht niemals unter den Scheffel. Abgesehen davon, dass es die falsche Flirttaktik wäre, würden Sie es später bereuen. Wenn die Frau neben Ihnen sehr selbstbewusst ist, begeben Sie sich niemals in die Defensive, sondern halten Sie die Stellung. Frauen mit Power erwarten das von Ihnen und haben Spaß daran, sich zu messen und Ihnen auf Augenhöhe zu begegnen. Sobald das Kräfteverhältnis sich zu Ihren Ungunsten dreht, haben Sie verloren. Es sei denn, das ist genau die Art von Beziehung, die Sie anstreben.

Tipp 1: Wenn ein Thema oder eine Begebenheit Sie verunsichert, stehen Sie dazu wie ein Mann. Geben Sie zu, wenn Sie beispielsweise keine Ahnung von etwas haben, anstatt sich erwischen zu lassen – das wirkt nur lächerlich. Zeigen Sie im Gegenzug, dass Sie auf anderem Gebiet unschlagbar sind.

Tipp 2: Behandeln Sie auch eine dominante oder freche Frau wie eine Prinzessin. Lassen Sie ihr ihre große Klappe, aber fragen Sie sie, ob ihr kalt ist oder ob sie den nächsten Drink überhaupt verträgt. Wenn Sie das versäumen, stehen Sie kurz vor einem Rollentausch und laufen Gefahr, dass Sie zum Mädchen gemacht werden.

Die eigenen Schwächen nutzen, um sich liebenswert darzustellen

Achten Sie bei Ihrer Selbstdarstellung darauf, immer zu zeigen, dass Sie nicht tadellos und unfehlbar sind. Alles andere wäre nicht nur extrem langweilig, sondern vor allem auch unrealistisch. Frauen sind keine kleinen Jungs, die auf den Sieg des Helden am Ende der Geschichte warten. Denn unfehlbare Helden sind niemals witzig und menschlich.

Tipp 1: Skurrile Geschichten merkt man sich. Bringen Sie die Dame zum Lachen und lachen Sie mit über sich selbst.

Tipp 2: Auch Blamagen können Sie zum Helden machen, nämlich zum Held der guten Story.

Tipp 3: Stehen Sie zu Ihren Schwächen. Sätze wie «Wenn ich jetzt singen würde, wäre der Laden hier sofort leer» oder «Ich kann leider nicht einmal eine Sonne zeichnen» machen Sie sympathisch. Wer offen mit seinen Schwächen umgeht, beweist immer, dass er selbstbewusst ist und auch jede Menge Stärken zu bieten hat. Außerdem suggerieren Sie der Dame auf diesem Weg, dass Sie kein Blender sind, der dick aufträgt und sich anschließend als Versager entpuppt.

Einfallsreich, aber nicht zu dominant sein

Einerseits sollen Sie beim ersten Date die Zügel in die Hand nehmen, sprich der Mann sein. Vielleicht sogar der Macker, wenn es der Dame gefällt. Oder der verantwortungsvolle Gentleman, der Beschützer, der Versorger, wie immer Sie es nennen wollen.

Doch halten Sie sich im Zaum: Zu dominantes Auftreten kommt in den seltensten Fällen gut an.

Mit leichter Hand führen

Auch wenn Sie den Plan für den Abend gemacht haben, benehmen Sie sich nie wie ein Reiseführer mit einer Minireisegruppe, bestehend aus einer Frau, die Ihnen hinterhertrottet. Selbst wenn Sie im Vorhinein begeistert sind von der nächsten Station Ihres Ausflugs, beschäftigen Sie sich mit ihren Wünschen – lesen Sie sie ihr (scheinbar) von den Augen ab:

«Vielleicht willst du lieber hierbleiben, anstatt in einen lauten Club zu gehen, wo wir uns nicht mehr so gut unterhalten können?»

Sie suggerieren, Sie fragen nach und rufen so das Gefühl hervor, dass alle Entscheidungen demokratisch getroffen werden. Sie können natürlich auch Empfehlungen aussprechen, Ausweichmöglichkeiten bieten und beruhigen: «Es wird dir dort gefallen, und wenn nicht, können wir ja immer gehen. Und ich weiß auch schon, wohin.»

Vorschläge machen, aber nichts erzwingen

Wir bleiben beim Thema: Maß halten. Folgende Szenarien sollten Sie daher geschickt umfahren:

Ein Wein in Ihrem Lieblingsrestaurant hat Sie vollends überzeugt. Ihre Begleitung ist eher zurückhaltend, möchte lieber roten statt weißen oder gar nichts zu trinken. Sie empfehlen ihr etwas, aber Sie drängen es nicht auf, so nett Sie es auch meinen.

Das gilt nicht nur für Speisen und Getränke, sondern natürlich auch für Orte und Aktivitäten. Der Satz: «Das musst du probieren» kann bei einigen Leuten das Türchen für immer schließen. Warum? Weil nicht jeder Mensch in der Lage ist (oder sein muss), sich ständig zu wehren oder zu erklären. Vielleicht möchte sie keine Spielverderberin sein und gesteht am nächsten Tag ihren Freundinnen, wie sehr sie sich von Ihnen hat terrorisieren lassen. «Ich habe zwölf Austern geschlürft und mich dann heimlich übergeben» wäre doch sicher ein Horrorszenario, das Sie sicher keinesfalls verantworten wollen.

Tipp 1: Folgender Standardsatz am Ende Ihrer Vorschläge funktioniert immer: «Nur wenn du willst, natürlich.»

Jetzt kommen wir zur Gratwanderung: Sie sollten trotzdem

immer eine Idee haben. Sie machen Vorschläge, die natürlich auch abgelehnt werden dürfen. Ziehen Sie Alternativen aus dem Ärmel wie ein Magier. Keine Bar? Gut, dann ein Café? Kein Café, gut, dann sehen wir uns die Sterne an und kaufen vorher was Leckeres an der Imbissbude.

Tipp 2: Fragen Sie die Dame zwischendurch immer mal wieder, ob sie eventuell nach Hause will. Vielleicht geht sie ja deshalb nicht auf Ihre Vorschläge ein. Vielleicht will sie ja sogar mit Ihnen nach Hause ... Sagen Sie (sinngemäß): «Wie ich das so sehe, willst du heute nichts mehr machen. Dann fahren wir jetzt zu mir. Nur wenn du willst, natürlich. Ansonsten fahren wir sofort zu dir!» Probieren Sie es einfach aus, bitte!

Interesse zeigen, ohne zu überfordern

Es geht nur um das eine. Das eine, gut. Und das andere eine – unseren perfekt gemeisterten Balanceakt zwischen zu viel und zu wenig.

Zu wenig Interesse Ihrerseits könnte Ihre Begleiterin verprellen, selbst wenn Sie es gar nicht so meinen. Zu viel Interesse kann ein Mann einer Frau eigentlich kaum entgegenbringen. Werden Sie aber weder zum Schmachter noch zum willenlosen Schoßhündchen und schon gar nicht zu einem Mann, bei dem Ihr Date die Befürchtung hegen muss, er könnte sich als Stalker entpuppen.

Geben Sie ihr nie das Gefühl, sie wäre eine von vielen

Auch wenn Sie meinen, damit das Interesse Ihrer Flirtpartnerin zu wecken, erzählen Sie nicht, dass Sie ständig mit Frauen ausgehen. Seien Sie in diesem Punkt bitte diskret. Sie soll ruhig merken, dass es sich bei Ihnen nicht um einen Einsiedler handelt – das macht Sie viel interessanter als die Aussage, dass Sie sich vor Frauen kaum retten können. Denn derlei Aussagen kommen meist von außen, nicht vom betreffenden Mann selbst.

Geben Sie ihr nie das Gefühl, Sie wären verzweifelt

Eine Frau, der Sie vermitteln, sie wäre das erste weibliche Wesen, mit dem Sie seit Jahren in Kontakt treten, wird es sofort mit der Angst zu tun bekommen. Auch zu viel Romantik kann anfangs interessierte Frauen in die Flucht schlagen oder Ihnen jedes Geheimnis nehmen.

Tipp: Wenn Sie übertreiben, dann mit einem Hauch von Ironie: «Ich habe mein ganzes Leben auf dich gewartet.» Dieser Satz ist einfach zu dick aufgetragen und hört sich nach billiger Masche an. Setzen Sie einen drauf und sagen Sie nach einer bedeutungsvollen Pause, in der Sie ihre Reaktion testen: «Damit du uns noch etwas zu trinken bestellst, während ich kurz mein Auto umparken muss.» So denkt die Dame darüber nach, ob Sie diesen Satz vielleicht irgendwann später ernsthaft von Ihnen hören will, und weiß, dass Sie nicht auf den Mund gefallen sind.

Keine übertriebene Coolness

Wenn Sie sich betont reserviert geben, weil Sie meinen, das wecke den Kampfgeist Ihrer Schönen, so haben Sie sich bei den meisten Frauen geschnitten. Testen Sie vorher, ob Kampfbereitschaft seitens der Schönen besteht oder nicht. Viele Frauen möchten keine Ritterrüstung tragen und Sie retten, sondern bevorzugen die klassische Variante. Beim ersten Treffen kennt die Dame Sie ja auch noch nicht lange genug, um zu wissen, was ihr entgeht. Nein, mit dieser Haltung werden Sie bei vielen Frauen eher das Gegenteil erreichen.

Es ist platt, aber leicht zu verinnerlichen: Frauen sind keine Jägerinnen, sondern wollen erobert, «gejagt» oder auch gewollt werden. Die meisten sogar von Anfang an. Daraus folgt, dass sie auf Ihre Coolness nicht wie gewünscht reagieren wird oder sich gar fragt: Warum hat dieser Mann sich mit mir verabredet, wenn er keine Lust auf mich hat? Fragen aufzuwerfen ist schön, weil es Sie interessant macht, aber stolze Frauen (und das sind meist tolle Frauen) gehen sehr schnell auf Rückzug und denken sich: Das Theater habe ich nicht nötig. Eigentlich haben sie damit ja auch recht. Wenn Sie kein Interesse an einer Frau haben, wieso sollten Sie dann mit ihr ausgehen?

Warten Sie auf positive Signale

Wenn Sie sehr emotional sind und relativ schnell klarmachen wollen, dass die Frau bei Ihnen ins Schwarze getroffen hat, bleiben Sie ein Spieler und behalten Sie Bodenkontakt. Sofortige Verliebtheit auszulösen ist etwas, das sich viele Menschen wünschen, denn es gehört zu den schönsten Dingen, die unserem Ego passieren können. In der Realität stoßen verfrühte Leidenschafts- und Liebesbekundungen jedoch oft auf Zu-

rückhaltung, Misstrauen oder gar einen Anflug von Angst. Ihr Zielobjekt wird sich folgende Fragen stellen:
- *Macht er immer sofort Liebeserklärungen?*
- *Veralbert er mich?*
- *Ist er wahnsinnig?*
- *Wie kann er so begeistert sein, ohne mich zu kennen?*

Warten Sie deshalb immer erst die Reaktionen der Dame ab. Wenn sie sich bedeckt gibt, halten auch Sie sich zurück. Denn wenn Sie sie überrennen, nehmen Sie ihr die Chance, sich zu überlegen, was sie selbst will. Stattdessen beenden Sie den Flirt vorzeitig, und er wird einseitig. Sie legen sich mit diesem Verhalten praktisch vor die Dame in den Staub.

Wenn Ihre Flirtpartnerin auch zur verrückt-romantischen Sorte gehört und Sie beide sehr schnell alle Barrikaden fallen lassen, könnten Sie zu den Paaren gehören, die nach einem Abend beschließen zu heiraten. Die meisten Menschen brauchen allerdings etwas mehr Zeit.

Tipp: Genießen Sie Ihren Flirt wie einen Tango. Auch wenn Sie kein Tänzer sind, lassen Sie diesen ungeheuer erotischen Tanz vor Ihrem inneren Auge ablaufen: Ein Tangopaar zieht sich ständig an und lässt wieder los. Es wird dauerhaft gelockt, man kommt sich sehr nah und geht wieder auf Distanz – um den Partner erneut anzuziehen. Der Tango ist auch deshalb ein so gutes Beispiel für einen gelungenen Flirt, weil beide Partner sich ihres Werts bewusst sind – sie zeigen ihr Begehren und bleiben trotzdem sehr stolz.

Werfen Sie sich also auf keinen Fall voreilig einer Frau zu Füßen, sondern geben Sie ihr immer die Möglichkeit, sich aktiv am Spiel zu beteiligen.

Schenken Sie ihr Ihre volle Aufmerksamkeit

Dass Sie sich bei Ihrer ersten Verabredung mit einer Frau nicht mit Ihrem Telefon beschäftigen, gehört zu den goldenen Regeln. Auch wenn die Ablenkung groß sein sollte, etwa durch Störenfriede im Kino, einen zu lauten Nachbartisch oder Ärger mit anderen Verkehrsteilnehmern während der Autofahrt, vergessen Sie nie, dass Sie in Begleitung sind.

Gerade beim Autofahren verwandeln sich einige sonst wohlerzogene Prachtexemplare in Rabauken. Natürlich ist es ärgerlich, wenn andere schlecht fahren oder einem den besten und einzigen Parkplatz weit und breit wegnehmen. Eine noch frische Bekanntschaft an Ihrer Seite darf aber niemals Zeugin eines cholerischen Ausbruchs Ihrerseits werden – das macht Sie nur unsympathisch. Versuchen Sie es lieber mit grimmigem Humor, dann wird die Dame sicher auf Ihrer Seite sein.

Tipp: Situationen, die auf den ersten Blick ein Ärgernis bedeuten – wie Schlange stehen oder Parkplatz suchen –, haben oft ein großes Flirtpotenzial. Sie können sich mit der Dame verbünden, es entsteht ein Wir-Gefühl, für das Sie ansonsten vielleicht mehrere Dates gebraucht hätten.

Erotik ins Spiel bringen, ohne aufdringlich zu sein

Zwei erwachsene Menschen haben sich gezielt verabredet. Dass Sie die Dame anders ansehen oder auch berühren als Ihren ältesten Kumpel, dürfte demnach keine Überraschung sein. Warten Sie aber ab und setzen Sie wieder einmal auf die richtige Dosis. Schärfen Sie Ihre Sinne, hören Sie ihr zu und beobachten Sie Ihre Flirtpartnerin so scharf wie ein Löwe eine Antilope. Dann werden Sie auch herausfinden, wann der richtige Zeitpunkt für eine Berührung oder einen Kuss gekommen ist.

Berühren Sie sie verbal

Regen Sie damit Ihre und auch die Phantasie der Antilope an, etwa indem Sie fragen, ob sie Tattoos, Körperschmuck oder Narben hat. Egal, ob Sie auf diese Dinge stehen oder nicht, ob Sie sie vermuten oder nicht: Es gibt Frauen, denen man sofort ansieht, dass sie tätowiert sind, andere tragen ein Geheimnis unter ihrer Kleidung, und wieder anderen sieht man an, dass sie derartige Verzierungen ablehnen. Sie aber tun unwissend und wollen diese Informationen von ihr. Egal in welche Richtung die Antwort gehen wird, Sie erfahren mehr über ihren Körper.

Suchen Sie sich Gründe für Berührungen

Wenn Sie den ganzen Abend keinen Körperkontakt mit Ihrer Flirtpartnerin haben, wird sie vor Schreck erstarren, wenn Sie zum Abschied plötzlich zu einem intensiven Kuss ansetzen. Schaffen Sie Vertrauen, indem Sie ihr die Hand auf den Arm legen, an ihrem Haar riechen, interessiert ihren Schmuck betrachten oder ihr (imaginäre) Fusseln von der Jacke zupfen.

Fragen, die sich lohnen

Ihre Begleiterin zeigt keine Anzeichen für Verstimmung oder Fluchtgedanken, sondern fühlt sich sehr wohl mit Ihnen? Hören Sie um Gottes willen jetzt nicht auf zuzuhören, wenn sie redet, denn es gibt Themen, die sich nicht eignen, um sie mit einem erotischen Angriff zu unterbrechen. Stecken Sie dagegen gerade in einer leichten Plauderei, sie lacht womöglich noch und sendet eindeutig positive Signale in Ihre Richtung (und nicht zu dem Kerl neben Ihnen), dann wagen Sie es: Fragen Sie die Dame, ob Sie sie küssen dürfen. Sie wird kurz innehalten – und es Ihnen fast immer erlauben. Eine Frage mit hoher Erfolgsquote ist auch das unvollständige «Darf ich?». Darauf erwartet man in der Regel kein Ja oder Nein, sondern nimmt sich einfach, was man will. Alles, was Ihnen jetzt passieren kann, werden Sie überleben:

Bei einer Frau, die sauer wird, können Sie sich entschuldigen.

Bei einer Frau, die Ohrfeigen verteilt, können Sie sich wie einer von tausenden Filmhelden fühlen.

Bei einer Frau, die wegrennt, können Sie die Verfolgung aufnehmen und alles wieder ins Lot bringen.

Bei einer Frau, die den Mund voll hatte, sind Sie selbst schuld.

Nach dem Kuss abwarten

Ein Kuss ist noch keine Eintrittskarte in das Schlafzimmer der Señorita. Machen Sie es spannend und warten Sie ab, wie der Abend sich weiterentwickelt. Seien Sie auf keinen Fall zu siegessicher, nur weil Sie einmal kurz auf Zungenfühlung gehen durften.

Tipp 1: Genießen Sie die Verabredung weiterhin, als hätte es kein Kuss-Intermezzo gegeben. Damit ist sie am Zug, und Sie dürfen gespannt sein.

Tipp 2: Schlagen Sie ihr plötzlich und ziemlich förmlich vor, Sie nach Hause zu bringen, und warten Sie ihre Reaktion ab. Das wird sie entweder kurz verunsichern oder in Eroberungslaune versetzen, auf jeden Fall wird es sie neugieriger machen als ein Drängen Ihrerseits.

Tipp 3: Schlagen Sie Ihr ein nächstes Date vor, das einen eindeutig erotischen Charakter trägt.

Gute Themen, schlechte Themen

Ob Sie sich gut mit einer Frau verstehen, werden Sie spätestens dann bemerken, wenn Sie das Gefühl haben, mit ihr über alles reden zu können. Da Sie aber flirten und sich von Ihrer besten Seite präsentieren, halten Sie sich bitte vorerst bedeckt und behalten immer den Drahtseilakt im Kopf, den Sie gerade meistern. Sie schütten der Dame jetzt nicht Ihr Herz aus, als wären Sie beim Psychotherapeuten, sondern führen ein angeregtes, hoffentlich auch aufregendes Gespräch. Selbst wenn das Ganze sich von einer netten Plauderei zu einem tiefsinnigen Gespräch entwickeln sollte, behalten Sie im Auge, was Sie tun: Sie flirten! Allzu ernste Themen können den Flirt nämlich schnell zerstören und gehören nicht in die Kennenlernphase.

Sehen Sie es sportlich: Ruhe ist nur, wenn beide das Schweigen genießen oder nonverbale Kommunikation betreiben. Ansonsten sind wir Männer niemals um ein Thema verlegen.

Gute Themen

Sie selbst
Sie selbst sind beim ersten Treffen, wo es ja darum geht, sich näher kennenzulernen, natürlich das wichtigste aller Ge-

sprächsthemen. Ebenso wie Ihr Gegenüber – und das sollten Sie unbedingt in Ihr Gespräch einbeziehen.

Werden Sie aber bitte niemals zum Ich-Erzähler. Menschen, die nur von sich selbst reden, nehmen ihrem Gegenüber schnell den Wind aus den Segeln – und die Lust auf mehr.

Selbstverständlich weiß ich, dass viele Ich-Erzähler die Rolle des Alleinunterhalters übernehmen, weil von ihrem Gegenüber nicht viel kommt und sie keine Lust auf einen Abend im Schweigekloster haben. Das ist durchaus ein berechtigtes Gegenargument. Wenn Sie jedoch zu den Menschen gehören, die sich am liebsten selbst reden hören, dann arbeiten Sie an sich. Es bedarf nur einiger kleiner Tricks, und niemand wird Ihnen mehr nachsagen, Sie seien zu ichbezogen:

Tipp 1: **Wenn Sie eine Situation schildern, fragen Sie immer, ob Ihre Begleiterin sie ebenfalls kennt**

«Dann waren meine Eltern zu Gast. Nach zehn Minuten war ich schon überanstrengt – so gern ich die beiden auch mag. Du kennst das vielleicht auch, oder?»

Die Frau erfährt so mehrere gute Dinge über Sie: Sie sind ein Mensch und kein Gott, denn Sie haben Eltern. Eltern sind für jeden von uns sehr spezielle Menschen, zu denen man in den meisten Fällen eine sehr komplexe Beziehung hat. Diese wollen Sie jetzt nicht weiter vertiefen – denn Sie sind weder ein Patient noch ein Egomane. Aber Sie sind ein liebevoller Mann, der seine Eltern liebt, und Sie sind ein aufmerksamer Mann, der sich jetzt anhören wird, ob es seiner Flirtpartnerin mit ihren Eltern womöglich ähnlich ergeht.

Tipp 2: **Wenn Sie zu einer längeren Geschichte ansetzen, fragen Sie charmant, ob die Frau sie auch hören möchte**

In fast allen Fällen wird die Frau Ihre Geschichte natürlich hören wollen! Da Sie sich auch noch um ihr Wohlergehen kümmern – also fragen, ob sie lieber gehen, noch etwas trinken oder sonst was will –, begeben Sie sich auf sicheres Terrain. Sie wird Ihnen nicht nachsagen können, ein Opfer Ihrer langen Ausführungen geworden zu sein, während Sie halb verdurstet, frierend und gelangweilt zuhören musste. Geben Sie Ihrer neuen Bekanntschaft immer die Chance, Sie zu unterbrechen – egal wie unterhaltsam Sie sich selbst finden.

Tipp 3: **Platt sein als Waffe**

Sie glauben gar nicht, wie treffsicher überraschende Ehrlichkeit wirken kann! Sie reden, weil Sie es können, gern tun, in Fahrt sind oder weil Sie ein Kavalier sind, der es mit einer extrem stillen Frau zu tun hat. Zwischendurch müssen Sie zum Wasserglas greifen und Luft holen. Nutzen Sie diese Pause auch – natürlich um zu sehen, ob Ihre Flirtpartnerin noch anwesend ist und zuhört. Wenden Sie jetzt einen Trick an und fragen Sie, nicht zynisch oder unsicher, sondern ganz unschuldig und ehrlich: «Langweile ich dich?» Blicken Sie jetzt in ein überraschtes Gesicht und holen Sie sich die Absolution, um weiterzuschwadronieren oder vielmehr sie weiterhin bestens zu unterhalten.

Tipp 4: **Ein unschlagbarer Witz**

Diesen Witz habe ich aus England mitgebracht, und wenn Ihre Begleiterin ihn sofort versteht, wird sie Ihnen auch verzeihen, dass sie mehr als 30 Minuten am Stück zuhören musste.

Wann immer Sie den Verdacht schöpfen, zu viel und zu lange von sich geredet zu haben, unterbrechen Sie sich mit dem selbstironischen Witz: «So, jetzt aber genug von mir. Reden wir von *dir*. Was hältst du eigentlich von *mir*?»

Sie ist auch Thema
Wie erwähnt sind Sie natürlich zu zweit und stehen deshalb gemeinsam an der Spitze der Themenhitparade.

Eine sehr gute Freundin von mir wurde letzthin nach einem sehr langen Abend von ihrem Begleiter gefragt, was sie eigentlich so mache. Und das, nachdem sie sich über Stunden hinweg den gesamten Lebens- und Karriereweg dieses Mannes anhören musste. Sie hat ihn nicht unterbrochen, weil er sich von Stunde zu Stunde mehr selbst ins Aus geredet hat. Ihrer Meinung nach hätte der Mann von selbst darauf kommen müssen, ihr wenigstens ein paar interessierte Fragen zu stellen. Ich gebe ihr da voll und ganz recht. Glauben Sie also nicht, dass alle Frauen sich aktiv darum kümmern, das Wort zu ergreifen zu dürfen. Viele stellen Sie auf den Prüfstand. Selbst wenn Sie also sehr große Lust verspüren, sich der Dame zu erklären, vergessen Sie niemals, dass Sie sich auch für Ihre Begleiterin interessieren.

Nicht umsonst heißt es: Wissen ist Macht. Sehen Sie es als eine willkommene Herausforderung an, möglichst viel über Ihre Flirtpartnerin zu erfahren.

Tipp 1 : **Verwerten Sie die neuen Informationen**
Sie hat Ihnen erzählt, dass sie gern Sport treibt oder kocht. Für Sie sind diese Informationen ideale Vorlagen für Komplimente wie: «Seit ich weiß, wie stark und fit du bist, bin ich auf der Hut!», oder für kleine Neckereien wie: «Da du mir ja

demnächst beweist, wie wunderbar du kochst ...» Sie haben verstanden, oder?

Tipp 2: **Stellen Sie unerwartete Fragen**
Journalisten, die berühmt für ihre guten Interviews sind, heben sich vor allem durch spezielle Fragen hervor. Fragen, die eben nicht jeder andere auch stellt. Damit entlocken sie den Prominenten die besten Antworten, denn diese freuen sich häufig über ein bisschen Abwechslung oder antworten spontan und ehrlich, weil sie so überrascht sind.

Lassen auch Sie sich ein paar Fragen einfallen, die über «Was machst du so?» oder «Welche Hobbys hast du?» hinausgehen. Fragen Sie Ihre Begleiterin zum Beispiel, wann sie das letzte Mal geweint hat. Bei einem Mann würden Sie damit sicher eine schmerzhafte Erinnerung hervorrufen, bei Frauen könnte es sich auch um einen Film handeln. Sie werden überrascht sein und die Dame auch.

Vorsicht: **Bohren Sie nicht nach**
Wenn Sie merken, dass Ihre Flirtpartnerin Themen ausklammert oder nur kurz anschneidet und dann abwinkt, dann möchte sie eindeutig nicht in die Tiefe gehen. Drängeln Sie jetzt bitte nicht. Vielleicht geben Sie ihr zu verstehen, dass dieses Thema Zeit hat, und lenken das Gespräch wieder in eine heitere Richtung.

Vorlieben
Begeisterungsfähige Menschen sind immer einnehmend. Außerdem bieten sich viel mehr gute Gelegenheiten, Ihrer Begleiterin Komplimente zu machen, während Sie über Dinge

sprechen, die Sie mögen. Langweilige Menschen zeichnen sich oft dadurch aus, dass sie nicht zu wissen scheinen, was sie mögen und was nicht. Das lässt sie farblos und stumpf wirken. Echte Begeisterung hingegen steckt an und wird auch die Temperatur zwischen Ihnen steigen lassen. Achten Sie bei Ihrer Wortwahl darauf.

Den Ausruf «I love it!» benutzt man im Englischen zum Beispiel andauernd. Vielleicht erscheint Ihnen das oberflächlich, doch Oberflächlichkeit kann auch Leichtigkeit bedeuten, und beim ersten Rendezvous kann die auf keinen Fall schaden. Heben Sie so oft wie möglich hervor, was Sie lieben oder mögen. Damit zeigen Sie, dass Sie ein leidenschaftlicher und liebesfähiger Mann sind – auch wenn es vorerst nur um eine Mousse au Chocolat oder einen am Straßenrand geparkten Traumwagen geht.

Tipp: **Begeistern Sie Ihre Begleiterin**
Finden Sie heraus, was der Dame gefallen könnte, und begeistern Sie sie dafür. Das kann Musik sein, ein Film oder auch ein Restaurant, in dem Sie sich dann verabreden können.

Vorsicht: **Nicht missionieren**
Sollten Sie eine Leidenschaft für etwas hegen, womit die Dame überhaupt nichts anfangen kann oder was sie nicht interessiert, dann suchen Sie sich ein Thema, für das Sie sich beide begeistern oder über das die Dame mehr erfahren will. Sollte die Dame Ihnen von ihren Vorlieben oder Hobbys erzählen, für die Sie sich nicht begeistern können, dann sagen Sie es ihr scherzhaft und niemals verachtend oder respektlos.

Tagesaktuelle Themen

Auch wenn Sie die Frau kaum kennen, können Sie davon ausgehen, dass bestimmte aktuelle Themen immer funktionieren. Politik kann im Smalltalk heikel werden, aber es gibt tagesaktuelle Ereignisse, die uns alle angehen und zu denen jeder etwas sagen kann.

Dazu gehören bei Frauen auch immer auch Klatsch und Tratsch. Natürlich müssen Sie nicht jede Seriendarstellerin oder Popsängerin, deren verflossenen Ehemann und deren Kinder kennen, aber wenn Sie sich an die sogenannten A-Promis halten, werden Sie sich mit den meisten Frauen blendend unterhalten.

Tipp: **Lästern**

Frauen lieben es zu lästern. Männer oft auch. Menschen, die Sie beide nicht persönlich kennen und die Ihnen nicht leidtun müssen, weil sie sehr reich sind und sich sehr komisch benehmen (also A-Promis), bieten grandiosen Stoff für Lästereien jeder Art.

> Vorsicht: **Nicht zu platt werden**
> **Mögen Sie Comedians, die seit Jahren dieselben platten Witze über Prominente reißen – etwa Helmut Kohls Figur und Angela Merkels Frisur? Damit locken Sie keine intelligente Frau mehr hinterm Ofen hervor. Seien Sie also bitte etwas origineller!**
> **Politik und Religion nehmen schnell die Leichtigkeit**
> Verlieren Sie nie aus den Augen, dass Sie ein Rendezvous haben. Besonders wenn es um heikle

Themen geht, kann eine Diskussion schnell ins Ernste abdriften oder gar die Atmosphäre verderben. Tasten Sie sich außerdem erst an die Dame heran, bevor Sie eine politische Grundsatzrede schwingen, und halten Sie sich mit radikalen Äußerungen zurück. Damit begeben Sie sich schnell aufs Glatteis und können verbohrt, im schlimmsten Fall sogar unangenehm wirken.

Reisen und Länder

Man trifft kaum mehr auf Menschen, die ihren Heimatort noch nie verlassen haben. Fragen Sie Ihre Begleiterin daher nach ihrem letzten Urlaub oder nach der Liste der Länder, die Sie gern als Nächstes bereisen würde. Die Welt ist groß und damit auch die Themenvielfalt, die das Reisen Ihnen bietet. Wie und wohin jemand reist, liefert auch immer interessante Einblicke in das Wesen der Person.

Tipp 1: **Reiseanekdoten**

Jede Reise bringt eine bis tausend Anekdoten mit sich. Auch wenn Sie nicht Ernest Hemingway sind, werden Ihnen immer spannende Geschichten einfallen, die Ihnen unterwegs passiert sind. Selbst oder gerade die Pannen oder Unannehmlichkeiten, die das Verreisen oft mit sich bringt, bieten Stoff für viele Lacher.

Tipp 2: **Selbstdarstellung**

Wenn Sie von Ihren Urlauben erzählen können, haben Sie die Gelegenheit, sich darzustellen, ohne angeben zu müssen. Ganz nebenbei erfährt die Dame dann, dass Sie surfen oder Vietnamesisch sprechen können. Nutzen Sie diese Chance.

Tipp 3: **Romantik einfließen lassen**
Das Thema Reisen eignet sich ausgezeichnet, um das Gespräch in eine romantische Richtung zu lenken und Ihrer Begleiterin Komplimente zu machen. Sie können sich die Dame sehr gut an einem Traumstrand vorstellen, Sie fühlen sich durch sie an Ihr Lieblingsurlaubsland erinnert, Sie würden es ihr gerne zeigen und so weiter und so fort.

Herkunft
Jeder kommt irgendwoher und ist irgendwo unter bestimmten Umständen aufgewachsen. Heimatort, Eltern, Geschwister, Schule und Ausbildung – das sind alles Themen, zu denen jeder erwachsene Mensch etwas beisteuern kann.

Tipp 1: **Gemeinsamkeiten suchen**
Sie müssen nicht Ihre Kindheit aufarbeiten, aber meist finden sich Gemeinsamkeiten, die wirklich verbinden: alte Fernsehsendungen, Bücher, Hits oder Süßigkeiten, über die es sich herrlich lachen lässt.

Tipp 2: **Jedes Thema bietet eine Vorlage für Komplimente**
Wenn Sie aus Ihrer Kindheit oder Jugend erzählen, bringen Sie an, dass die Dame zu diesem Zeitpunkt sicher noch gar nicht geboren war. So können Sie in den meisten Fällen ein Kompliment zu ihrem Aussehen unterbringen.

Vorsicht: **Seien Sie sparsam mit Spott und Neckereien**
Seien Sie anfangs zurückhaltend mit Witzen oder Spötteleien über die Herkunft Ihres Gegenübers.

Einige Menschen lachen herzlich mit, wenn es um Klischees oder den Dialekt ihrer Heimat geht, andere werden ärgerlich. Prüfen Sie also erst, wie heimatverbunden Ihre Begleiterin ist.

Kultur

Der letzte Film, das letzte Buch, die letzte Ausstellung, der Musikgeschmack – all diese Themen sind spannend und unterhaltsam. Außerdem bieten sie beiden die Möglichkeit, etwas Persönliches über sich zu erzählen, und zudem mehrere Gelegenheiten, sich gleich wieder zu verabreden. Zum Beispiel ins Kino oder Theater.

Astrologie

Viele Frauen schwören auf die Frage nach den Sternzeichen beim Erstkontakt und immer mehr Männer auch – andere wiederum gar nicht. Wenn Sie zu Letzteren gehören, spielen Sie das Spiel trotzdem mit. Vergessen Sie nie, dass es sich beim Flirt um ein Spiel handelt. Es kann zwar Ernst aus dem Spiel werden, aber der Anfang sollte spielerisch und leicht sein. Wie in vielen Fällen, ist es auch in der Liebe so, dass es oft schnell genug ernst wird. Lassen Sie sich also ruhig von Ihrer Begleiterin aufgrund Ihres Geburtsdatums analysieren und seien Sie gespannt, wer Sie in den Augen der Frau sind.

> Vorsicht: **Nicht gleich als Unsinn abtun**
> Werden Sie nicht sauer, wenn Sie die ganze Sternengeschichte für Blödsinn halten. Erklären Sie eher, dass man Ihnen schon häufig erzählt hat, Sie seien so oder so, obwohl das nicht wirklich zutrifft. Sagen Sie Ihrer Begleiterin, dass Sie sich gerne

von ihr eines Besseren belehren lassen, aber nur, wenn es sich um ausgesprochen schmeichelhafte Eigenschaften handelt.

Tipp 1: **Lassen Sie die Dame Ihr Sternzeichen erraten**

Wenn Sie danebenliegt, fragen Sie sie, wie sie darauf kommt, dass Sie beispielsweise Löwe sind. Weil Sie so stark und mächtig sind vielleicht? Versuchen Sie, auch wenn Sie keinen blassen Schimmer haben, das Sternzeichen der Frau zu erraten – so können Sie geschickt ein paar Komplimente unterbringen.

Tipp 2: **Themenwechsel**

Wenn Sie vom Thema Astrologie wegwollen, sagen Sie ihr, dass die Stellung innerhalb der Familie viel bessere Hinweise auf den Charakter eines Menschen liefert als das Geburtsdatum. Fragen Sie Ihre Begleiterin, ob sie älteste, mittlere, jüngste Tochter oder Einzelkind ist.

Informieren Sie sich, welche Prominenten am selben Tag wie Sie Geburtstag haben. Das ist ein sehr unterhaltsames und unverfänglicheres Thema als das Ausdiskutieren sternzeichentypischer Charaktereigenschaften. Sagen Sie: «Ich bin am TT.MM. geboren, genau wie Julia Roberts. Sieht man, oder?»

Tipp 3: **Auf Handfühlung gehen**

Wenn Sie einer Frau begegnet sind, die sich für Astrologie interessiert, wird sie sich von Ihnen sicher gerne aus der Hand lesen lassen. Neben dem angenehmen Körperkontakt eröffnet Ihnen das die Möglichkeit, hemmungslos zu flirten und die großartigsten Komplimente zu verteilen, da Sie sich ja in einer nicht ganz ernstzunehmenden Situation befinden.

Schlechte Themen

Gescheiterte Beziehungen

Dass Sie schon mehrere Beziehungen hatten, verheiratet waren oder gar Kinder haben, sollten Sie nicht verschweigen. Aber keine Ihrer Verflossenen wird zum bestimmenden Thema. Weder trauern Sie ihr vor Ihrer neuen Bekanntschaft hinterher, noch machen Sie Ihrem Ärger über Ihre Ex Luft. Bei diesem Spiel können Sie nur verlieren. Ein Mann, der noch von seiner Exfrau schwärmt, ist nicht frei. Und ein Mann, der über seine Exfrau schlecht redet, hat ein Problem.

So zu tun, als hätten Sie eine vierstellige Zahl an Exfrauen, macht Sie ebenfalls nicht begehrenswert, sondern wirft bei den meisten Damen Fragen auf.

Wenn die Frau Sie nach Ihrer letzten Beziehung fragt, äußern Sie sich möglichst respektvoll und neutral. Wenn Sie Vater sind, kommt das Gespräch früher oder später ohnehin auf die Mutter Ihrer Kinder. Kinder sind ein schönes und auch wichtiges Thema, deshalb können Sie Ihre familiären Verhältnisse ruhig erklären. Sparen Sie sich das genaue Verhältnis zu Ihrer Exfrau aber für einen späteren Zeitpunkt auf.

Tipp: **Denken Sie immer daran, dass Sie ein Mann der Frauen sind**

Als solcher versteht es sich von selbst, dass Sie diskret sind, was Ihre verflossenen Partnerinnen betrifft, und keinesfalls öffentlich Schmutzwäsche waschen.

Finanzielle Schwierigkeiten

Probleme, die uns alle betreffen, verbinden und dienen zuweilen als guter Einstieg. Auch auf einem Rendezvous muss man nicht nur über den Mond, die Wiesen oder die vollen Lippen seiner Begleiterin sinnieren – reden Sie ruhig auch über Geld. Aber niemals so, dass Sie dastehen, als würden Sie jammern oder wären verbittert. Da alle über die Benzinpreise und das Finanzamt meckern, werden Sie mit solchen Themen garantiert auf Verständnis stoßen. Behandeln Sie sie aber oberflächlich und mit Humor. Zu viele Zahlen langweilen ebenfalls, rechnen Sie der Dame also bitte nichts vor – vorgetragene Sparmodelle töten jede Erotik. Genauso verhält es sich mit dem Jammern über Ihr zu niedriges Gehalt. Das geht Ihre Begleiterin erstens vorerst nichts an, und zweitens stellen Sie sich als unzufriedenen Verlierer dar.

Tipp: **Geben Sie sich bedeckt und diskret**
Über Geld spricht man nicht. Diese Devise wird beim Flirten ganz besonders wahr. Falls Sie nach Summen gefragt werden, beispielsweise wie viel Sie verdienen, gibt es zwei wunderbare Antworten: «Genug», oder scherzhaft: «Nicht genug. Aber wer verdient schon genug. Du?»

Abneigungen

Viele Menschen blühen in Gesprächen richtig auf, wenn es um Dinge geht, die sie nicht mögen. Sie werden dann temperamentvoll, sehr kreativ und oft auch wirklich komisch. Bevor Sie eine Showeinlage liefern, vergewissern Sie sich, dass Sie nicht über etwas herziehen, das Ihrer Begleitung womöglich am Herzen liegt. Schimpfen Sie nie wirklich hasserfüllt, sonst wirken Sie am Ende unsympathisch und verbissen. Frauen hassen Sie natürlich zu keinem Zeitpunkt. Beziehen Sie Ihre Begleitung ruhig in Ihre Tirade ein: Wenn Sie beide gern schimpfen und dabei lachen, kann das ein wunderbarer Zeitvertreib sein.

Tipp 1: **Immer wieder auf Vergnügen schalten**
Wenn es zu ernst oder negativ wird, betonen Sie, dass Sie sich nicht die wunderbare Zeit mit Ihrer Begleiterin verderben lassen wollen, und wechseln Sie das Thema.

Tipp 2: **Ziehen Sie über unverfängliche Dinge her**
Wie ich bereits erwähnte, gehört das Lästern eigentlich zu den unterhaltsamen Themen – und Gemeinsamkeiten fördern Ihren Flirt. Wenn Sie auch zu den Menschen gehören, die zur Hochform auflaufen, wenn es etwas zu bekritteln gibt, dann sollte dieser Absatz für Sie natürlich bei den guten Themen stehen. Ziehen Sie richtig vom Leder, wenn Sie etwas gefunden haben, bei dem die Dame Ihnen zu 100 Prozent zustimmt. Das wird sie auf Ihre Seite und zum Lachen bringen.

Tipp 3: **Verbünden Sie sich**
Abneigungen zählen immer dann zu den schlechten Themen, wenn man sie zu ernst anpackt. Aber so ist das ja häufig. Wenn Ihnen zum Beispiel die Umgebung nicht passt, nutzen Sie Ihr Schimpfen wieder für Komplimente à la «Die Leute hier sind furchtbar, ich muss ununterbrochen dich ansehen, du bist meine Rettung».

Kein Thema

Ihnen ist der Gesprächsstoff ausgegangen? Ein unerwünschtes Szenario bei der ersten Verabredung, sogar das Wetter ist beliebter als Sprachlosigkeit, sonst müsste es nicht so oft als Lückenbüßer herhalten.

Deshalb: Auch wenn Sie nervös sind, lassen Sie Pausen zu. Je verbissener Sie jetzt nach einem Thema suchen, umso verkrampfter wird die Situation. Gemeinsam schweigen zu können kann die Situation manchmal romantischer gestalten als pausenloses Reden.

Tipp 1: **Ohne Worte flirten**
Nutzen Sie die Gesprächspausen zum nonverbalen Flirt, indem Sie der Frau tief in die Augen blicken oder sie versonnen anlächeln.

Tipp 2: **Den Versorger spielen**
Wenn Sie an einem entsprechenden Ort sind, nutzen Sie die Pause, um Ihre Begleiterin zu fragen, ob Sie noch etwas wünscht.

Tipp 3: **Schlagen Sie einen Ortswechsel vor**
So machen Sie den Ort für die plötzliche Stille verantwortlich und nicht sich selbst oder gar Ihre Flirtpartnerin. Mit Ihrem Aufbruch erschließen sich bereits die nächsten Themen.

> Vorsicht: **Lassen Sie sich niemals Langeweile anmerken**
> Niemals gelangweilt seufzen oder mit den Fingern trommeln, auch gähnen oder strecken verbieten sich von selbst. Diese Gesten und Handlungen sind nicht nur unangenehm für Ihre Begleiterin, sondern verstärken auch bei Ihnen selbst den Eindruck, dass Sie sich langweilen.

Kleiner Notfallratgeber für das erste Date

Sie hatten die Dame anders in Erinnerung

Sie müssen vernebelt gewesen sein, als Sie dieser Frau zum ersten Mal begegnet sind. Jetzt, da Sie sie endlich allein treffen, steht Ihnen jemand gegenüber, an den Sie sich so nicht erinnern.

Tipp 1 : **Lassen Sie sich nichts anmerken**
Das wird Sie spüren und Ihnen im schlimmsten Fall den Abend zur Hölle machen, denn sie wird sich gehörig auf den Schlips getreten fühlen. Verkneifen Sie sich daher bitte Sätze wie «Ich hatte dich viel jünger/schlanker/schöner in Erinnerung» und machen Sie gute Miene zum bösen Spiel.

Tipp 2: **Stürzen Sie sich genauso enthusiastisch in das Date, als wäre sie Ihre Traumfrau**
Denn vielleicht ist sie das ja nach wie vor und wird Ihnen glaubhaft erklären, was passiert ist, seit Sie einander gesehen haben:

«Ich bin Schauspielerin und bereite mich gerade auf eine Rolle als Bettelmönch vor.»

«Ich trage diese Stilettos nicht immer, vielleicht nachher wieder.»

«Ich komme gerade vom Sport und schminke mich dann im Auto.»

«Ich bin Renate, die Mutter von Katharina, die kommt aber gleich nach. Sie steckt im Stau.»

Tipp 3: **Cool bleiben**
Irgendetwas an dieser Frau muss Ihnen gefallen haben, sonst hätten Sie sich nicht mit ihr verabredet. Suchen Sie deshalb zunächst bei sich nach dem Fehler. Die Frau kann innerhalb der letzten Tage oder Wochen weder um Jahre gealtert sein noch ihren Körper und ihr Gesicht komplett verändert haben – es sei denn, Sie leben in Hollywood. Suchen Sie also nach den Eigenschaften, die Sie an dieser Frau so sehr fasziniert haben, dass Sie sich mit ihr verabredet haben. Denken Sie auch an die Umstände, unter denen es geschehen ist. Waren Sie verzweifelt? Völlig betrunken? Todmüde? In einer sehr dunklen Bar? Alles zusammen? Sie merken es schon: Die Frau muss nicht zwangsläufig schuld sein.

Tipp 4: **Gehen Sie zurück zum Tatort und beleben Sie Ihre Erinnerung neu**
Da hat Ihnen etwas gefallen. War es ihr Lachen? Ihre forsche Art? Ihr Kleid (das sie heute leider nicht anhat – aber das lässt sich ja ändern)? Oder war es doch ihre Freundin? Erinnern Sie sich, und Sie werden den Grund herausfinden.

Tipp 5: **Denken Sie positiv**
Sagen Sie sich: Jede meiner eigenen Lebenserfahrungen ist schöner als Fernsehen. Auch diese.

Sie sehen die Dame zum ersten Mal, und sie gefällt Ihnen nicht

Sie haben sich im Internet oder per Telefon kennengelernt, und alles klang oder las sich vielversprechend. Jetzt sind Sie jedoch enttäuscht bis schockiert.

Tipp 1: **Tragen Sie ein entspanntes Lächeln auf den Lippen**
Ich sage Ihnen jetzt sehr genau, was Ihnen dabei durch den Kopf geht: Ein Blind Date ist so aufregend wie russisches Roulette, nur ohne ernste Folgen. Und Sie stecken in der Rolle des Spielers, der nicht nur ein lässiger Gewinner, sondern auch ein wirklich cooler Verlierer sein kann. Was wäre das Leben, wenn es uns nicht ab und zu eine Niete kredenzen würde? Kein Mann hat immer nur Glück, auch Sie nicht.

Tipp 2: **Stellen Sie vorsichtige Nachforschungen an**
Wenn die Selbstbeschreibung der Dame sehr weit von dem entfernt ist, was Sie jetzt sehen, dann haken Sie nach. Hat ihre Freundin/Mutter/Schwester geschrieben, dass es sich um ein gertenschlankes Rasseweib oder Ähnliches handelt, oder war sie das selbst? Wie viele ihrer Dates waren erfolgreich? Was versteht sie unter schön/rassig/hinreißend/attraktiv/umwerfend? So wird der Abend zu einer Erfahrung, von der Sie noch Ihren Enkeln erzählen können, also bleiben Sie bitte ruhig und gut gelaunt.

Tipp 3: **Versuchen Sie, aus dieser Verabredung etwas zu lernen**

Es ist immer interessant, sich mit der Selbstwahrnehmung anderer Menschen zu befassen. Betrachten Sie die Dame genauer und überlegen Sie, wie es zu diesem Irrtum kommen konnte. Attribute wie groß, blond und jung müssen eben nicht gleich hübsch bedeuten. Nehmen Sie diese Erfahrung ernst, im Umkehrfall bedeutet das nämlich, dass Sie bisher womöglich Frauen verpasst haben, die genau Ihr Typ gewesen wären. Denn leider waren Sie zu sehr fixiert auf Haarfarbe, Größe und Alter, um sich näher mit ihnen zu befassen.

Tipp 4: **Wenn es wirklich gar nicht geht**

Gut. Sie haben sich nicht nur eine andere Frau vorgestellt, sondern Ihr Gegenüber hat tatsächlich gelogen. Oder sie hat zwar die Wahrheit gesagt, aber der Unterschied zwischen Foto und Realität ist Ihnen zu groß. Oder Sie ertragen ihre Art nicht, obwohl sie genauso aussieht wie auf dem Foto. Tatsache ist, dass Sie auf längere Sicht Ihre Zeit nicht mit dieser Frau verbringen können. Einzige Lösung: Machen Sie sich aus dem Staub. Allerdings bitte ich Sie eindringlich: niemals zu früh, denn das erste Date ist häufig komisch. Außerdem bringt uns jeder Mensch, der uns begegnet, etwas bei, und sei es nur die Erkenntnis, dass Fotos und Telefonstimmen häufig lügen – und Selbstbeschreibungen quasi immer.

Sie finden die Dame attraktiv – wenn sie den Mund hält.

Die Dame ist nur schön und körperlich reizvoll? Bleiben Sie!

Tipp 1: Finden Sie heraus, ob es sich bloß um Startschwierigkeiten handelt

Es gibt Menschen, die eine Weile brauchen, um sich richtig zu präsentieren. Einige wirken anfangs spröde oder gar unsympathisch, einige brauchen auch etwas länger, um ein interessantes Gespräch führen zu können, und wirken daher anfangs wie blockiert.

Tipp 2: Auch wenn die Dame ihren Part nicht erfüllt – Sie werden den Ihren erfüllen

So unfair es sich anhört: Wenn Sie auf uninteressante Gesprächspartner treffen, retten Sie sich am besten selbst, indem Sie möglichst häufig das Wort ergreifen. Vielleicht stellen Sie dann ja fest, dass Ihre Begleitung zwar keine großartige Unterhalterin ist, aber vielleicht eine gute Zuhörerin, die an den richtigen Stellen lacht.

Tipp 3: Wägen Sie ab und setzen Sie Prioritäten

Ist die Dame Ihnen im Grunde sympathisch, allerdings etwas hölzern in der Kommunikation, und gefällt Ihnen trotzdem weiterhin? Vielleicht gehören Sie ja zu den Männern, die über Dummheit oder Uninspiriertheit hinwegsehen können, solange Ihre Begleiterin beständig Hinweise darauf aussendet, dass es später am Abend noch reizvoll und keineswegs langweilig werden könnte.

Tipp 4: **Achten Sie darauf, sich niemals zum Affen zu machen**
Wenn sie spielt, dann spielen Sie mit. Zum Beispiel indem Sie sehr höflich zahlen, sich noch höflicher verabschieden und ihr somit zeigen, dass hübsch verpackte Dummheit und Langeweile für Sie kein abendfüllendes Programm sind.

Sie finden die Dame attraktiv, aber sie benimmt sich wie eine uneinnehmbare Festung

Tipp 1: **Bleiben Sie locker**
Tun Sie einfach so, als würde sie sich nicht zieren. Sie genießen den Abend, achten aber bitte darauf, dass Sie der Dame niemals zu nahe treten, denn so geben Sie ihr keine Gelegenheit für eine zickige Abfuhr. Sie flirten vorsichtiger und verzichten auf jeglichen Körperkontakt. Suchen Sie nach Gesprächsthemen, die Ihre Begleiterin überraschen. Vielleicht werden Sie nämlich gerade von einer Frau unter die Lupe genommen, die der Meinung ist, dass alle Männer gleich sind und nur das eine wollen. Selbst wenn Sie auch nur das wollen, beweisen Sie, dass Sie sich aus der Masse hervorheben.

Tipp 2: **Lassen Sie sich nicht verunsichern und bleiben Sie nett und offen**
So stellen Sie unter Beweis, dass Sie die Situation im Griff haben.

Tipp 3: **Machen Sie deutlich, dass Sie nicht verzweifelt sind**

Sie präsentieren sich am besten, wenn Sie Ihrer Begleiterin zeigen, dass Sie ihre Gesellschaft genießen und nicht darauf angewiesen sind, dass sie sich Ihnen zuwendet oder Sie sexuell attraktiv findet. Auch wenn es Ihnen schwerfällt, nehmen Sie die Situation leicht. So leicht, dass man es Ihnen sogar ansehen kann. Setzen Sie Ihre Vorstellungskraft ein und malen Sie sich die Situation ganz anders aus: Sie treffen Ihre Flirtpartnerin, während Sie Ihren Junggesellenabschied feiern – dann wären Sie sogar froh, wenn die Gute Sie nicht in Versuchung führen würde. Oder stellen Sie sich vor, Sie hätten so viele Affären (zum Beispiel weil Sie Popstar, Skilehrer oder Playboy sind), dass Ihnen eine weitere Frau nur noch mehr Stress und weniger Zeit für Sie bescheren würde – so schön sie auch ist. Wenn Sie nicht in der Lage sind, sich diese Szenarien auszumalen, dann denken Sie einfach an Glenn Close in «Eine verhängnisvolle Affäre» – die würde Ihnen das Leben nach einer Nacht ordentlich zur Hölle machen.

Tipp 4: **Sollte Ihr Date sich wie eine Geisel benehmen, fragen Sie sie, ob sie vielleicht lieber gehen möchte**

Damit ist sie am Zug. Sie haben alles gegeben und sich offen und charmant gezeigt. Wenn sich die Dame trotzdem unwohl fühlt, werden Sie der Letzte sein, der sich ihr aufdrängt. Sie sollte also Farbe bekennen und die Verabredung entweder genießen oder abbrechen.

Tipp 5: **Haben Sie keine Angst, sie zu fragen, was nicht stimmt**

Zugegeben, es ist nicht einfach, eine nahezu fremde Person zu fragen, ob man ihr eventuell nicht gefällt, denn es besteht die

Gefahr einer niederschmetternden Antwort, die dem eigenen Ego nicht gerade guttut. Sehen Sie die Verabredung daher als Lektion des Lebens: Vielleicht erfahren Sie so etwas über sich. Womöglich liegt es auch gar nicht an Ihnen persönlich, sondern der Dame ist eine andere Laus über die Leber gelaufen. Das zu erfahren ist umso besser für Sie.

Tipp 6: **Arrangieren Sie sich mit diesem Verhalten**
Etwas anderes bleibt Ihnen nicht übrig, wenn sie sich weiter so benimmt und Ihnen trotzdem noch sehr gut gefällt. Vielleicht sind Sie ja einem hübschen, aber ausgesprochen spröden Exemplar begegnet. Nun liegt es an Ihnen zu entscheiden, ob Sie der Kämpfertyp sind, den die uneinnehmbare Festung umso mehr reizt, oder ob Sie die Segel streichen und sich nach einer leichter zu erobernden Frau umschauen.

Sie haben eine schöne Zeit, aber plötzlich eine Meinungsverschiedenheit

Irgendetwas ist bei dem Gespräch schiefgelaufen, und auf einmal driftet Ihre Unterhaltung in eine falsche Richtung.

Tipp 1: **Halten Sie kurz inne**
Wenn Sie ein Mensch sind, der gern diskutiert, sich vielleicht sogar gern streitet, testen Sie unbedingt, ob Ihre neue Bekanntschaft ebenso auf Konfrontation geht. In dem Fall kann ein kleiner Streit eine sehr erotische Komponente bekommen. Denn eine hitzige Diskussion ist auf jeden Fall prickelnder, als schüchtern über das Wetter zu reden.

Tipp 2: **Schlagen Sie nicht über die Stränge**

Vergessen Sie nicht, dass Sie die Dame erst sehr kurz kennen. Es kann sein, dass sie Ihr Spiel nur aus Höflichkeit mitspielt, in Wahrheit aber genervt von Ihnen ist und Sie als unverschämt oder besserwisserisch empfindet.

Tipp 3: **Lassen Sie sich ein Hintertürchen offen**

Sie müssen jederzeit in der Lage sein, das Ruder herumzureißen und «Schwamm drüber!» zu rufen. Andernfalls könnte die Chose zu einem wirklich verbissenen Gezanke ausarten, wodurch Sie beim ersten Rendezvous schlecht dastehen könnten. Behandeln Sie Ihre Begleiterin also deutlich vorsichtiger als beispielsweise Ihre Freunde und zeigen Sie so viel Toleranz, wie es nur geht, ohne dabei ein Duckmäuser zu sein.

Tipp 4: **Mimen Sie nicht den notorischen Besserwisser**

Das macht Sie nur unbeliebt und lächerlich. Sollten Sie ins Hintertreffen geraten und auf verlorenem Posten stehen, versuchen Sie niemals, mit aller Macht Ihre Position zu bewahren. Dieses Verhalten macht aus einem Streit schnell eine nicht mehr auflösbare Situation, und dann kippt die Stimmung endgültig. Lassen Sie sich niemals so weit provozieren, dass Sie als schlechter Verlierer dastehen könnten. Beleidigt zu zahlen und zu gehen, nur weil Ihre Verabredung auf einem anderen Standpunkt beharrt, ist einer der unangenehmsten Ausgänge, die Ihre erste Verabredung haben kann.

Tipp 5: Sehen Sie den Streit objektiv, humorvoll und spielerisch

Objektiv heißt, dass Sie sich zwischendurch von außen beobachten und auch die Dame darauf aufmerksam machen, dass Sie sich eventuell kindisch benehmen. Humorvoll heißt, dass Sie kurz innehalten und hoffentlich selbst darüber lachen können, wie eifrig Sie beide sich ins Gefecht gestürzt haben. Spielerisch heißt, dass Sie zum Spieler werden und sich dabei wieder einmal als Mann der Frauen präsentieren: Sie unterbrechen den Streit und schließen eine Wette ab, wer recht hat. Natürlich ist Ihr Einsatz hoch, wertvoll und gefällt Ihrer Begleiterin wie auch Ihnen. Vielleicht schlagen Sie sogar zwei Fliegen mit einer Klappe: Sie verlieren und müssen dafür bei sich für sie kochen. Oder Sie verwetten eine schöne Flasche Wein oder Champagner, die dann gemeinsam konsumiert wird. Seien Sie charmant, großzügig und kreativ. Nun können Sie sich zurücklehnen und entspannt hoffen, dass Sie recht haben.

Tipp 6: Nutzen Sie die hitzige Debatte dazu, richtig heiß zu flirten

Lassen Sie vom Thema ab und pfeifen Sie darauf, wer von Ihnen nun im Recht ist. Konzentrieren Sie sich stattdessen auf Ihr Gegenüber, beginnen Sie zu lächeln und machen Sie Platz in Ihrem Hirn für schönere Vorstellungen als Politik, Film, Sport oder was auch immer Ihr Thema war. Unterbrechen Sie nun Ihre Begleiterin mit kleinen Neckereien. Sagen Sie ihr, wie sehr Sie ihr Temperament mögen, fragen Sie die Dame, ob sie kratzt und beißt, oder machen Sie ihr ein Kompliment für ihre geröteten Wangen.

Alles beginnt sehr angenehm, doch plötzlich wird die Herzdame furchtbar sauer und flippt buchstäblich aus

Aus heiterem Himmel wird Jekyll zu Hyde oder Marilyn Monroe zu Marilyn Manson. Das kann am Alkohol liegen – oder an etwas, das Sie gesagt oder getan haben. Vielleicht reagiert Ihre Begleiterin gerne mal über, wenn ihr etwas nicht passt, und es handelt sich hierbei um ihr hitziges Temperament. Es kann sich natürlich auch um eine Krankheit handeln, aber was das betrifft, sollten Sie keine voreiligen Schlüsse ziehen, wenn Sie einer Person zum ersten Mal begegnen.

Tipp 1: **Durchatmen, beobachten und positiv denken**
Wenn die Dame öfter so aus der Haut fährt, ist es eigentlich ganz gut, dass Sie so früh darüber in Kenntnis gesetzt werden.

Tipp 2: **Herr der Lage bleiben und ruhig intervenieren**
Hat der Tobsuchtsanfall Ihrer Begleiterin mit Ihnen zu tun, dann entschuldigen Sie sich (vielleicht unehrlich oder halbherzig, weil Sie sich im Recht fühlen, aber tun Sie es). Erklären Sie ihr dann, dass Sie nicht ahnen konnten, dass der Witz, den Sie gemacht haben, das Fleisch, dass Sie konsumiert haben, Ihre politische Meinung – oder wo auch immer Ihr Fehler lag – bei ihr derartige Emotionen auslöst.

Tipp 3: Seien Sie ihr Beschützer, nicht ihr Gegner, und sammeln Sie damit Pluspunkte

Wenn es sich um äußere Umstände handelt – es zieht, der Taxifahrer rast, das Essen ist furchtbar, der Film eine Zumutung –, sind Sie derjenige, der sie sofort vor diesen Widrigkeiten rettet. Zeigen Sie ihr, dass Sie auf ihrer Seite sind. Danach wird alles gut.

Tipp 4: Finden Sie heraus, ob es sich um eine Ausnahme handelt oder zum Standardprogramm gehört

Falls ja, können Sie das Verhalten der Dame als interessante Showeinlage verbuchen und versuchen, die Stimmung wieder zu heben. Falls das Zwischenspiel Ihrer Begleiterin Sie nachhaltig verstört hat, laden Sie sie auf einen Absacker oder eine Art Versöhnungsdrink ein oder fahren Sie sie nach Hause.

Tipp 5: Entscheiden Sie sich, bevor die Dame Sie wieder anruft, wie sehr das Intermezzo Sie mitgenommen hat

Könnten Sie sich daran gewöhnen? Falls ja, warten Sie ab, was sie dazu zu sagen hat. Vielleicht hat sie eine glaubwürdige Entschuldigung parat und erweicht damit Ihr Herz. Sollte sie so tun, als wäre nichts gewesen, sprechen Sie sie ruhig darauf an – am besten scherzhaft – und testen Sie ihre Reaktion darauf. Wenn die Dame der Meinung ist, es sei nicht der Rede wert, Sie dagegen der Meinung sind, es habe sich um einen Orkan der Windstärke zwölf gehandelt, sind Sie jetzt vorgewarnt.

Die Dame ist zu forsch und schüchtert Sie ein

Es gibt nicht nur Männer, die sich im Nu ins Schlafzimmer von Frauen vorkämpfen, sondern auch Damen, die ein zu rasantes Tempo vorlegen und damit uns Männer verschrecken. Vielleicht ist die Dame Ihnen tatsächlich nur zu schnell. Vielleicht sind Sie sich aber auch noch nicht sicher, was Sie wirklich wollen, oder Sie haben kein Interesse.

Tipp 1: **Verstehen Sie das Verhalten der Dame als Kompliment**
Als was denn sonst? Wenn eine Frau Ihnen eindeutig zu verstehen gibt, dass sie schon beim ersten Treffen mehr von Ihnen will als einen Kaffee, dann müssen Sie ihr gefallen. Sie sollten sich also geschmeichelt fühlen, was wiederum Ihre Laune heben sollte. Sie kommen gut an, demnach können Sie sich in Sicherheit wiegen, dass Sie ihr Typ sind.

Tipp 2: **Seien Sie kein Moralist**
Frauen beklagen oft, dass bestimmte Verhaltensmuster bei Männern positiv gewertet werden, während ein jeder die Nase rümpft, sobald Frauen sich genauso verhalten. Dazu gehört auch die Rollenverteilung, wenn es um das Bekunden von sexuellem Interesse geht. Von Frauen wird erwartet, dass sie sich zieren und erobern lassen, der forsche Eroberer ist in vielen Köpfen immer noch der Mann. Seien Sie modern und daher vorsichtig mit Ihren Vorurteilen, sofern Sie welche hegen. Denn «anständig» ist ein extrem dehnbarer Begriff und kann auch auf eine Frau zutreffen, die in puncto Sex kein Blatt vor den Mund nimmt. Sehen Sie die Dame als emanzipiert an und

genießen Sie den Rollentausch. Verlieren Sie auch nicht aus den Augen, dass wir Männer uns oft insgeheim wünschen, dass die Damen so zielgerichtet auftreten, und seien Sie dankbar.

Tipp 3: **Bleiben Sie charmant und vor allem unverkrampft**

Sie sind keinesfalls verpflichtet, mit dem Tempo der Dame mitzuhalten. Teilen Sie ihr das ruhig augenzwinkernd mit. So werden Sie nicht zum Opfer einer zu forschen oder gar aufdringlichen Dame, sondern schalten charmant einen Gang herunter. Nehmen Sie die Situation mit Humor und wehren Sie sich nicht aggressiv, sondern spielerisch. Etwa mit Sätzen wie: «Ich habe vorher noch tausend andere Dinge mit dir vor», oder: «Wir sind jung und haben sehr viel Zeit, wunderbar». Sie können einer Frau auch klarmachen, dass Sie vorerst nur reden möchten, ohne sie vor den Kopf zu stoßen. Weisen Sie Ihre Begleiterin nicht so zurück, dass es sie beleidigen könnte, sondern bitten Sie sie nett um etwas mehr Geduld. Vorzugsweise indem Sie ihr Gegenvorschläge wie etwa einen Ortswechsel machen.

Tipp 4: **Machen Sie es ihr klar, wenn Sie nicht interessiert sind**

Oft meint die fordernde, aktivere Partei, der andere würde sich nur zieren, wäre aber genauso interessiert. Wenn Sie den Schüchternen oder Verklemmten spielen, wird die Dame davon ausgehen, dass Sie wollen und sich nur nicht trauen. Sie sollten bei eindeutigem Desinteresse Ihren Standpunkt daher unbedingt klarmachen – wenn auch bitte möglichst diplomatisch. «Ich habe keine Lust auf dich», hört niemand gern.

Bei der ersten Verabredung sind Sie natürlich im Besitz eines unschlagbaren Arguments: «Es ist zu früh, und wir kennen uns kaum.» Auch dass sofortige Intimität aus Prinzip nicht Ihrer Herangehensweise entspricht, muss die Dame einsehen. Trotzdem sollten Sie auf keinen Fall anklingen lassen, dass Sie das Verhalten Ihrer Flirtpartnerin als unanständig oder verwerflich empfinden. Denn wahrscheinlich ist Sie einfach nicht Ihr Typ.

Tipp 5: Wenn die Dame Ihr Typ ist und Sie trotzdem warten wollen, dann sagen Sie es

In dem Fall sind Sie in einer der besten Situationen überhaupt. Die Frau zeigt mehr als deutlich Interesse und gefällt Ihnen auch noch, Sie aber fordern die Lady zum Warten auf. Aus welchem Grund sei jetzt mal dahingestellt – ob Schüchternheit, körperliches Unwohlsein, ein Termin am nächsten Tag oder Ihre Wohnung. Bringen Sie die Dame in eine Stimmung der Vorfreude und lassen Sie sie unbedingt wissen, dass aufgeschoben nicht aufgehoben ist. Denn wenn sie sich abgewiesen fühlt, wird sie sich unter Umständen schämen oder in ihrem Stolz verletzt fühlen und sich nie wieder bei Ihnen melden. Der Abend sollte unbedingt mit einer nächsten Verabredung enden.

Sie sind an einem Ort gelandet, an dem Ihnen andere Frauen besser gefallen als Ihre Begleiterin

Was ist denn da passiert? Sie befinden sich in einem Frauenparadies und können sich kaum auf Ihre Flirtpartnerin konzentrieren, die plötzlich unscheinbar oder uninteressant auf Sie wirkt. Zuerst sollten Sie sich fragen, warum Sie nicht schon früher und allein an diesem Ort waren. Dann rufen Sie sich zur Räson: Nun aber haben Sie eine Verabredung dabei und sollten ihr allein Ihre Aufmerksamkeit widmen.

Tipp 1: **Lassen Sie sich nicht blenden**
Es gibt Tage, an denen spielen wir verrückt und haben das Gefühl, dass es um uns herum nur so von potenziellen Partnerinnen wimmelt. Meist sind das Situationen, in denen wir nicht allein unterwegs sind. Es hat also auch mit Ihrer Begleiterin zu tun, also seien Sie ihr vorerst dankbar.

Tipp 2: **Bleiben Sie zu 100 Prozent Gentleman**
Genießen Sie die Tatsache, an einem Ort zu sein, an dem Ihren Augen ordentlich was geboten wird, aber konzentrieren Sie sich weiterhin auf Ihre Begleitung.

Sicher hat auch Ihre Flirtpartnerin etwas zu bieten, immerhin haben Sie sich mit ihr verabredet. Mit einer Dame am Tisch zu sitzen und sich dabei verstohlen nach anderen Frauen umzublicken, ist äußerst unhöflich und wird ihr sicher negativ auffallen. Noch fataler wäre es, wenn Sie versuchen, mit den anderen Frauen in Kontakt zu treten, indem Sie sie zum Beispiel an der Bar gezielt ansprechen und so tun, als wären Sie allein unterwegs. Vielleicht verlockt Sie der Gedanke, doch dieses Verhalten ist nicht loyal und wird zu Ärger führen. Wenn Ihnen das weibliche Publikum an diesem Ort so außerordentlich gut gefällt, kommen Sie lieber bei Gelegenheit in männlicher Begleitung oder alleine wieder.

Tipp 3: **Denken Sie fatalistisch**
Wenn Sie jetzt in festen Händen wären, könnten Sie es auch nicht ändern und müssten sich zurückhalten. Sie sind das Op-

fer eines Naturgesetzes: Wenn Mann in weiblicher Begleitung ist, steigen automatisch seine Chancen auch bei den anderen.

Tipp 4: Denken Sie realistisch (und sehen Sie sich unauffällig um)

Sind alle anderen Frauen wirklich so umwerfend und noch dazu nett, lustig, offen, reich und allein unterwegs? Falls ja:

Tipp 5: Schreiben Sie mir sofort eine E-Mail mit der genauen Ortsangabe. Vielen Dank.

Die Frau in der Höhle des Löwen

Wenn eine Frau Sie zu Hause besucht, wird Sie gute Gründe dafür haben. Geben Sie ihr in dem Fall keine guten Gründe, sich nie wieder in Ihre Wohnung zu wagen.

Viele der nun folgenden Punkte mögen sich banal anhören, doch sie wurden mir alle von Frauen zugetragen. Offenbar kommt all das demnach auffällig häufig vor, wenn Frauen Männerwohnungen zum ersten Mal betreten. Treten diese Fälle ein, muss die Frau schon sehr verliebt sein, um sie zu akzeptieren, andernfalls hinterlassen Sie höchstwahrscheinlich einen unverzeihlich schlechten ersten Eindruck.

Lüften Sie ausgiebig durch

Zum einen haben Frauen grundsätzlich feinere Nasen als Männer. Zum anderen nehmen wir den Geruch unserer eigenen Wohnung nicht mehr wirklich wahr – unsere Gäste beim Betreten dagegen schon.

Zigarettenrauch sollten Sie daher unbedingt vermeiden, und auch abgestandene Luft ist ein Romantikkiller. Wenn Sie kochen, haben Sie einen dicken Pluspunkt bei allen Damen. Der Geruch nach abgestandenem Fett sollte jedoch dringend vertrieben werden.

Auf wirklich gefährlichem Terrain bewegen Sie sich, wenn es in Ihrer Wohnung riecht wie in einer Jungen-Umkleidekabine. Das weckt zwar bei den Mädchen Erinnerungen an die Schulzeit, aber Sie sind kein kleiner Junge mehr und deshalb in der Lage, sich um Ihre Sportkleidung, Wäsche und Socken zu kümmern.

Ihr Badezimmer wird inspiziert werden

Bei einem Besuch von einer halben Stunde aufwärts kommt in der Regel das Badezimmer des Gastgebers ins Spiel. Sie können Ihr Arbeitszimmer abschließen und je nach Art des Besuchs auch Ihr Schlafzimmer verstecken, aber kümmern Sie sich ausgiebig um Ihr Badezimmer, bevor Sie eine Frau hineinlassen. Wenn Sie eine Putzfrau beschäftigen, wird das kein Problem sein. Die Toilette sollte genau in dem Zustand sein, in dem sie einst im Sanitärfachgeschäft auf Käufer gewartet hat – also aussehen wie unbenutzt. Für Badewanne und Dusche gilt das Gleiche. Toilettenpapier, Handtücher und Seife sind selbstverständlich vorhanden, der Spiegel glänzt, und Sie haben aufgeräumt.

Frauen wollen zum Beispiel keine Kondome herumliegen sehen. Die sind zwar notwendig, werfen aber sofort andere Gedanken auf als etwa eine herumliegende Pillenpackung bei einer Frau (was ohnehin selten vorkommt). Bei Frauen erwecken Kondome sofort das Gefühl, Sie würden sie jeden Abend benutzen – und zwar jeweils mit einer wechselnden Partnerin. Das könnte eine Rolle sein, in der Sie sich vielleicht ganz gerne sehen – neue Bekanntschaften schreckt diese Vorstellung jedoch eher ab. Und das, obwohl Sie auch jeden Abend

Damenbesuch ohne Kondome haben könnten. Zugegeben, die ganze Problematik ist komplett irrational – aber genau dafür lieben wir die Damen der Schöpfung ja so sehr.

Kosmetische Produkte, die in einem schlechten Zustand sind, sollten Sie in einem Schrank verstauen, ebenso Medikamente. Derlei Dinge sind nicht für die Augen von neuen Bekanntschaften bestimmt.

Sehr viele Frauen machen sich anhand dieser Produkte ein sehr genaues Bild über Sie. Während Sie siegessicher im Wohnzimmer sitzen und sich von Ihrer besten Seite zeigen, geht die Frau sich frisch machen und denkt dabei «Aha – er hat also Schuppen» oder «Die Zahnbürste gehört dringend ausgewechselt, igitt» oder «Der Mann klaut Handtücher in Hotels» oder gar «Wogegen ist das denn? Fußpilz? Hilfe!».

Sie glauben mir nicht, meine Herren? Das ist nicht perfide, und die Damen schnüffeln auch nicht rum – sie sehen all diese Details einfach. Deshalb seien Sie vorgewarnt und räumen Sie alles weg, was Sie in Misskredit bringen könnte. Im Blickfeld bleiben nur die Produkte, die beweisen, dass es sich bei Ihnen um einen Mann handelt, der sich pflegt und auf sich achtet. Ob Sie ein Nivea-Mann sind oder Wert auf ausgefallenere Marken legen, tut nichts zur Sache – da sind Frauen sehr tolerant. Aber Sie müssen bestimmte Artikel besitzen, sonst sind Sie unten durch. Keine Frau möchte sich vorstellen, neben einem Mann zu erwachen, der weder Zahncreme noch Duschgel besitzt.

Etwaige Überbleibsel anderer Frauen gehören ebenfalls ins Badschränkchen. Vielleicht halten Sie es ja für serviceorientiert, Tampons oder Schminkzeug Ihrer Exfreundinnen aufzuheben, falls Ihre nächste Partnerin einmal dergleichen benötigt. Falsch! Ihre nächste Partnerin wird diese Dinge ganz sicher nicht dulden, wenn sie sie nicht eigenhändig in Ihrem Bad deponiert hat.

Merken Sie sich: Im Bad eines Mannes markiert die Frau ihr Revier.

Ihr Kühlschrank sollte ohne Gefahr geöffnet werden können

Wenn Sie jemand sind, der gerne auswärts isst, ist dagegen absolut nichts einzuwenden. Kein Mann, schon gar kein Single, muss einen fröhlich bunten, randvollen Familienkühlschrank haben. Ein leerer Kühlschrank kann sogar sexy sein und das Bild eines Mannes vermitteln, der viel unterwegs ist – und frei. Das sehen viele Frauen als Herausforderung und denken sofort darüber nach, für Sie zu kochen und Sie damit zu bändigen. Das ist jetzt kein Scherz!

Falls nur wenig in Ihrem Kühlschrank steht, achten Sie unbedingt darauf, was es ist. Unbeliebt machen Sie sich bei Frauen mit ungesundem Essen, bei dem noch dazu das Verfallsdatum überschritten ist. Auch ein Kühlschrank, der gänzlich ohne Lebensmittel auskommt, dafür jedoch prall mit Alkoholika gefüllt ist, wird Sie in keinem guten Licht dastehen lassen.

Machen Sie Inventur und werfen Sie weg, was nicht mehr appetitlich aussieht. Anschließend können Sie bei Ihrer Weniger-ist-mehr-Strategie bleiben und eine Notation an Leckereien anlegen. Eine gute Salami, Vorspeisen, irgendetwas Frisches – um Miss Marple bei der Analyse Ihrer Küche einen Hinweis darauf zu liefern, dass Sie schon einmal etwas von gesunder Ernährung gehört haben. Milch sollten Sie ebenfalls vorrätig haben – falls die Dame Kaffee möchte. Die Quote an Schwarztrinkerinnen ist nämlich niedriger als bei Männern. Vielleicht denken Sie ja zum ersten Mal darüber nach, da Sie ein Mann sind, aber führen Sie sich bitte zwei Dinge vor Augen: einmal den Kühlschrank eines zufriedenen Singles, der mitten im Leben steht – den sollten Sie haben. Auf der anderen Seite den jämmerlichen Kühlschrank eines Mannes, der seine Mutter öfter sehen sollte, um nicht zu verwahrlosen – den sollten Sie unbedingt vermeiden.

Dinge, die Sie entsorgen oder außer Sichtweite schaffen sollten

Nicht nur im Bad, auch in den anderen Räumen der Wohnung kann Ihr Besuch auf verräterische Dingen stoßen. Räumen Sie daher alles weg, was einen anrüchigen Charakter haben könnte. Das gilt für Erwachsenenfilme ebenso wie für Herrenmagazine. Letztere sind oft sehr lesenswert und unterhaltsam, dennoch stören sich viele Frauen an dem Gedanken, dass Männer sehr viel Zeit in die Betrachtung anderer, noch dazu unbekleideter Frauen investieren. Nackte Frauen dürfen in Ihrer Wohnung allerhöchstens in Form von Kunst auftreten. Denn ein Akt gilt als kultiviert, auch wenn er nicht von einem Maler, sondern von einem Fotografen stammt. Ein Poster hingegen hinterlässt den Eindruck, Sie wären ein pubertärer Junge, der sehnsüchtig von einer nackten, aber unerreichbaren Frau träumt.

So groß die Spur auch sein mag, die Ihre Expartnerin in Ihrem Herzen hinterlassen hat – erwecken Sie niemals den Eindruck, sie würde noch in Ihrer Wohnung leben. Auch Fotos wird Ihre Besucherin zwar neugierig betrachten, sie zeigen aber an, dass Sie kein freier Mann sind – es sei denn, Sie sind Witwer.

Natürlich dürfen Sie Erinnerungsstücke an Ihre vergangenen Geliebten aufbewahren, aber bitte dekorieren Sie damit nicht mehr die Wohnung.

Außer Sichtweite sollten Sie auch alles schaffen, was ausgelatscht, ramponiert, schäbig oder kaputt ist. Dazu gehören auch Pflanzen, die sich bei Ihnen nicht ganz so heimisch gefühlt haben und nun tot in Ihrer Wohnung stehen.

Dinge, die Sie unbedingt besorgen sollten

Wenn Sie gezielt einkaufen, sorgen Sie für einen guten Eindruck, und Ihre eventuell nicht perfekte Wohnung wird in den Hintergrund treten, wenn Sie es als Gastgeber verstehen, Atmosphäre zu zaubern.

Dazu benötigen Sie unbedingt eine gemütliche Lichtquelle. Es müssen keine Kerzen sein, aber sie darf nicht zu hell und vor allem niemals zu grell sein. Sie haben ausreichend Getränke, die Sie anbieten können – am besten eine kleine Auswahl. Eine kultivierte Hausbar besteht zunächst einmal aus einer Flasche gutem Sekt oder Champagner, denn damit bewegen Sie sich in sehr vielen Fällen auf der sicheren Seite. Natürlich sind je ein guter Weißwein und ein guter Rotwein niemals verkehrt, selbst wenn Sie Ihre Besucherin nicht bekochen. Auch wenn die Dame sich extrem zurückhält und vielleicht sogar nur Wasser oder Kaffee möchte, wird sie es zu schätzen wissen, dass Sie mehrere Getränke anbieten. Mit Oliven beweisen Sie einen eleganteren Geschmack als mit Chips, und mit einer edlen Schokolade zeigen Sie mehr Stil als mit gängigen Süßigkeiten. Wenn Sie wollen, können Sie außerdem Zutaten für einige Longdrinks oder Cocktails besorgen, etwa Tonic Water, Bitter Lemon, Gin oder Wodka und einen Martini Bianco. Ein Tropfen davon in 5 cl Gin, und Sie haben einen klassischen Martini gezaubert – gerührt, nicht geschüttelt. Statt des Gins können Sie natürlich auch Wodka verwenden, dazu eine Zitronenscheibe oder eine Olive – fertig. Dazu brauchen Sie übrigens weder besondere Utensilien noch einen Barmixerlehrgang zu besuchen. Denken Sie aber an Eiswürfel!

Außerdem sollten Sie unbedingt für geeignete Musik sorgen. Dass man mit Musik verführen kann, ist Ihnen sicher nicht neu. Berieseln Sie Ihren Damenbesuch mit Musik, die Sie mögen, oder legen Sie angenehme Hintergrundmusik auf, aber achten Sie bitte auf die Stilrichtung. Es sollte Musik sein, die man gemeinsam hören kann und nicht nur als absoluter Fan und Kenner.

Dekorieren Sie Ihre Wohnung außerdem mit frischen Blumen. Frauen lieben das, und Sie werden sehen, wie sehr ein edler Strauß oder auch nur ein einzelne dekorative Blüte Ihre Wohnung aufwertet. Wenn die Besucherin nachfragt, geben Sie unumwunden zu, dass Sie kein Florist sind, sondern die Blumen aus gegebenem Anlass besorgt haben.

Ihr Schlafzimmer

Die Höhle des Löwen, Ihre heiligen Hallen oder ein vernachlässigter Raum? Bitte sorgen Sie dafür, dass Ihre Besucherin nicht Letzteres denkt. Sollte Ihr Schlafzimmer der unansehnlichste Raum Ihrer Wohnung sein, müssen Sie als Liebhaber so berauschend sein, dass die Schöne es vor lauter Aufregung nicht wahrnimmt. Vielleicht trauen Sie sich das ja zu. Dann müssen Sie die Dame aber auch wieder hinauskomplimentieren, ohne dass Sie einen näheren Blick auf Ihr Schlafgemach wirft – und spätestens da wird es kompliziert.

Ideal wäre es, wenn Ihr Schlafzimmer gut riecht, sauber ist und sich Ihr Bett für jeden Spaß und zwei Personen über einen längeren Zeitraum eignet. Glücklich machen Sie jede Frau außerdem mit einer sanften Beleuchtung. Ich merke das an, weil grelles Licht die Rehe scheu macht und ein komplett dunkler Raum oft nicht in unserem Sinne ist.

Tun Sie alles dafür, dass Ihre Besucherin sich bei Ihnen wohlfühlt und fallenlassen kann.

So, Sie haben jetzt eine Frau in Ihrem Schlafzimmer. Das bedeutet für mich, dass ich mich leider auf der Stelle von Ihnen verabschieden muss.

Mehr muss ich Ihnen nicht sagen. Sie wissen Bescheid, daher lautet meine letzte Bitte: Stürzen Sie sich ins Vergnügen und genießen Sie Ihren Erfolg!

Liebe und Partnerschaft bei rororo

**Warum wir aufeinander fliegen –
und wie wir dabei Bruchlandungen vermeiden**

**Michael Mary
Lebt die Liebe, die ihr habt**
Wie Beziehungen halten
rororo 62451

**M. Hassebrauck/B. Küpper
Warum wir aufeinander fliegen**
Die Gesetze der Partnerwahl
rororo 61347

**H.-W. Bierhoff/E. Rohmann
Was die Liebe stark macht**
*Die neue Psychologie der
Paarbeziehung.* rororo 61669

**Robin Norwood
Wenn Frauen zu sehr lieben**
*Die heimliche Sucht, gebraucht
zu werden.* rororo 19100

**Wolfgang Schmidbauer
Die Angst vor Nähe**
rororo 60430

Die heimliche Liebe
*Ausrutscher, Seitensprung,
Doppelleben.* rororo 61129

**Peter Lauster
Die Erotikformel**
*Leidenschaftlich leben in
Liebesbeziehungen.* rororo 62022

**Phillip von Senftleben
Das Geheimnis des perfekten
Flirts**
So werden Sie unwiderstehlich

rororo 62397

Weitere Informationen in der Rowohlt Revue *oder unter* www.rororo.de